AF613300

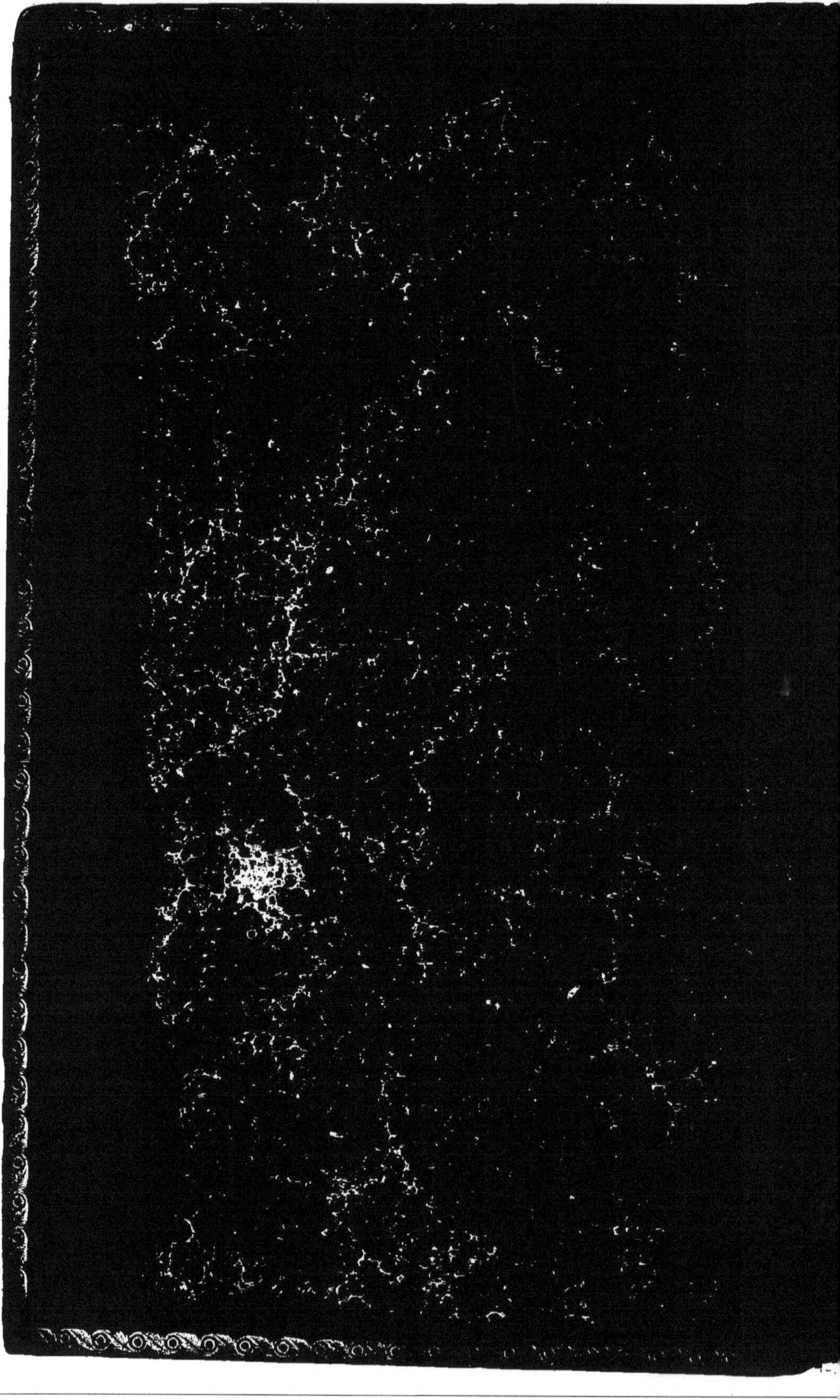

VOYAGE

EN

ABYSSINIE.

IMPRIMERIE DE Mme HUZARD,
rue de l'Éperon, 7.

VOYAGE

EN

ABYSSINIE,

DANS LE PAYS DES GALLA, DE CHOA ET D'IFAT;

PRÉCÉDÉ D'UNE EXCURSION DANS

L'ARABIE-HEUREUSE,

ET ACCOMPAGNÉ D'UNE CARTE DE CES DIVERSES CONTRÉES;

PAR

MM. ED. COMBES ET M. TAMISIER.

1835--1837.

I

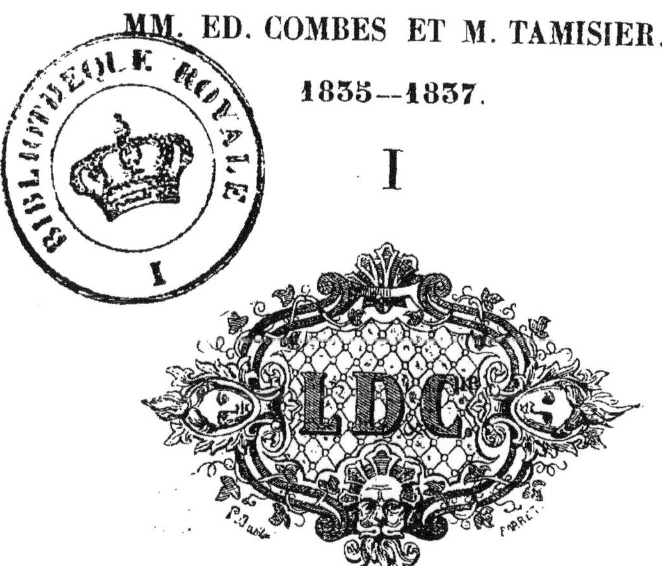

PARIS,

LOUIS DESESSART, ÉDITEUR,

RUE DES BEAUX-ARTS, 15.

1838

AVANT-PROPOS.

Le voyage dont on va lire la relation fut entrepris au mois de février 1835 et achevé en mars 1837. Quand nous résolûmes d'aller visiter l'Abyssinie et les pays inconnus des Galla, de Choa et d'Ifat, nous avions déjà parcouru l'Arabie et sillonné le Nil jusqu'au delà de

Cartoum. Nous comptions à peine vingt-un ans lorsque nous quittâmes la France : et, quoique bien jeunes encore à l'époque où nous nous embarquâmes à Djedda, nous avons été assez heureux pour atteindre le but que nous nous étions proposé.

On s'étonnera peut-être de ce que nous publions d'abord nos derniers voyages; mais, sans vouloir rabaisser l'importance des explorations dans le Sennâr ou dans les montagnes de l'Assir, il est incontestable que les découvertes dans l'intérieur de l'Afrique ont, pour la science géographique, un intérêt autrement capital. Si d'intrépides voyageurs sont parvenus, à force de patience et de fatigues, à nous faire connaître une grande partie de l'Amérique et de l'Asie, l'Afrique, cette vaste presqu'île couverte de peuplades barbares et de déserts immenses, remplie d'animaux féroces, privée de sources et de grandes rivières, et soumise à l'influence d'un soleil brûlant, a paru craindre, jusqu'à ce jour, qu'on déchirât le voile mystérieux qui la couvre presque tout entière.

Cependant un coin de ce voile a été déjà soulevé par les nombreux établissements des Européens sur ses côtes. Grâce à Mohammed-Ali, on peut aujourd'hui parcourir sans danger l'Égypte, la Nubie, le Sennâr, le Fazouglou et le Kourdoufan jusqu'aux frontières du Dar-Four. Une partie de l'Abyssinie a été visitée par Bruce et par d'autres après lui, et dernièrement un homme seul (René Caillé) a pénétré jusqu'à Tombouctou. Néanmoins, malgré les tentatives glorieuses de quelques hardis explorateurs, nous ne possédons encore que des notions peu étendues sur cette grande partie du monde; nous nous perdons quelquefois dans ses contrées fécondes et habitées, comme au milieu de ses déserts arides, et voilà pourquoi nous avons eu hâte de livrer au public les découvertes nouvellement faites en Afrique, voilà pourquoi nous avons commencé par la fin.

En jetant les yeux sur une mappemonde, on est singulièrement frappé de l'énorme disproportion qui existe entre les connaissances acquises sur la forme des côtes et les données que nous possédons sur l'intérieur des continents. La raison de cette grande différence vient évidemment de la facilité avec laquelle les ingénieurs hydrographes, et les autres savants qui font ordinairement partie des commissions maritimes, peuvent se porter d'un lieu dans un autre, lorsqu'ils sont embarqués sur des bâtiments de l'État. Des provisions de bouche de toutes sortes, des collections magnifiques de cartes, livres et instruments transportés d'une manière si commode, des moyens d'attaque et de défense aussi puissants que ceux de l'artillerie, la discipline sévère du bord, sont autant d'avantages dont seront privés les voyageurs qui ont pour but de s'enfoncer dans les terres peu connues, tant que les hordes qui les habitent n'auront pas dépouillé leur caractère actuel de méfiance et d'hostilité, pour acquérir ce sentiment de paix et d'association qui doit un jour les relier aux autres peuples : jusqu'alors, les hommes qui auront pour but d'explorer des contrées sauvages et barbares seront entourés de dangers et de privations; ils seront souvent victimes de leurs entreprises audacieuses, ou ils verront leur front se rider et leurs cheveux blanchir avant l'âge.

Tout en approuvant les mesures des gouvernements en faveur des efforts de la marine, on ne peut s'empêcher de leur reprocher leur négligence à l'égard de ces voyageurs qui, pénétrant dans l'intérieur des continents, sont abandonnés à leurs propres forces. Des bâtiments de guerre sans nombre ont été envoyés sur toutes les mers, pour cause d'exploration, par la plupart des nations européennes ; ces entreprises ont été nécessaires pour déterminer les dimensions de notre planète, et pour fournir à la navigation marchande des cartes précises et exactes que celle-ci n'aurait jamais pu dresser par elle-même ; mais il est bon d'observer que si le commerce des côtes est assez important pour obtenir de semblables protections, il n'arrivera à son développement complet que lorsque l'intérieur, visité à son tour par des commissions d'exploration, pourra être doté de communications faciles qui feront refluer, vers les ports de mer, les productions enfouies en pure perte chez des peuples ignorants et grossiers.

Il serait donc indispensable que les divers gouvernements, et surtout ceux de la vieille Europe, comme plus éclairés et plus puissants, accordassent à l'avenir une égale protection à ces deux genres d'expédition ; car ce n'est qu'en les combinant l'un avec l'autre, d'une manière convenable, que l'homme pourra arriver à la connaissance parfaite du globe qui lui appartient directement.

Lorsque nous partîmes pour accomplir la mission que nous nous étions donnée, nous étions livrés à nous-mêmes, et l'œuvre que nous projetions était entièrement ignorée. Réduits à nos propres ressources, nous avons reculé les bornes de la science géographique en franchissant les barrières qui avaient arrêté les autres voyageurs, et lorsque, dans notre isolement, nous avons obtenu de semblables succès, il est aisé d'entrevoir tout ce qu'on pourrait faire au delà, avec l'aide d'un gouvernement.

Nous ne venons pas énumérer ici les avantages immenses que les Européens pourraient retirer de l'exploitation de ces contrées au sein desquelles végètent des populations stupides qui souffrent de faim et de misère, là où nous trouverions la richesse et l'abondance; ils ressortiront d'eux-mêmes de la simple lecture de cet ouvrage, et nous nous bornerons maintenant à parler du plan que nous avons adopté pour notre publication, et de la forme que nous avons jugé convenable d'employer.

Nous avons divisé notre matière en chapitres, parce que cette manière de couper la narration nous a paru non seulement plus facile et plus commode, mais encore moins fatigante, pour nous comme pour nos lecteurs. Comme les autres voyageurs, nous avons tracé notre itinéraire avec sa variété et son incohérence, et pour lui ôter de sa trop grande rapidité, nous l'avons interrompu çà et là par des vues générales, par des exposés méthodiques qui feront voir une loi, une raison là où les autres n'ont rien aperçu ou rien indiqué. Tandis que la plupart des voyageurs n'ont su livrer que des considérations éparses et des faits sans lien, nous avons voulu les coordonner systématiquement; après avoir quelque temps marché, détaillé, disséqué, nous nous arrêtons pour généraliser, et nous embrassons, dans un aperçu rapide, l'ensemble des travaux accomplis; en un mot, nous procédons tantôt par analyse et tantôt par synthèse.

Ainsi, après notre itinéraire de Djedda à Moka et à Massaouah, après avoir traversé le Tigre et avoir vécu pendant plus d'un mois dans un camp abyssinien; après avoir parcouru les montagnes du Sémen et avoir séjourné dans la belle province d'Ouagara et à Devra-Tabour, résidence de Ras-Ali, un chapitre entier est destiné à raconter, à apprécier les mœurs bizarres de ce peuple que nous avons suivi pas à pas dans ses habitudes, dans ses usages, et dont nous avons scrupuleusement et minutieusement analysé le caractère étrange; et, avant de continuer notre route, nous traçons une division géographique de la contrée que nous explorons, et nous mettons tout d'un coup, sous les yeux des lecteurs, les pays que nous visitons successivement : ainsi, après avoir dépassé les Galla-Ouello, nous nous reposons de la route par un examen approfondi de leurs croyances religieuses et des causes qui les ont amenés dans les lieux qu'ils occupent; ainsi, arrivés à Ankober, pour rompre la monotonie de notre séjour dans cette capitale, nous déroulons l'histoire des temps passés et présents de l'Abyssinie, nous étudions son dogme et nous faisons connaître ses prêtres; ainsi, après avoir examiné attentivement les Galla-Borena et décrit leur pays, nous expliquons leur sauvagerie et leur simplicité; ainsi, parvenus à Gondar, dans cette ville déchue, à la vue des monuments encore debout, mais dégradés, qui servaient de demeure aux souverains d'Abyssinie, nous avons suivi la royauté dans son développement successif, nous l'avons accompagnée jusqu'à son apogée pour la voir ensuite descendre et s'anéantir; nous avons aussi pesé la justice terrible, mais nécessaire, du pays, et nous avons justifié un absolutisme rigoureux à la vérité, mais sans lequel l'existence de ces peuplades arriérées et barbares eût été impossible; ainsi, en revenant à Adoua, après avoir sillonné dans tous les sens les diverses parties de l'Éthiopie, après avoir habité Dérita, la ville marchande, après avoir vu les célèbres marchés de Daouarik, d'Alio-Amba, de Mouta et de Gondar dans les provinces d'Ouagara, Ifat et Gojam; après avoir visité les ateliers d'Angolola, d'Ankober et des autres capitales de cette vaste contrée, nous avons raconté le commerce et l'industrie encore dans l'enfance de ses peuples, et après avoir ainsi varié notre narration, après nous être efforcés de répandre dans notre œuvre cet ordre que nous avions vivement regretté de ne pas trouver dans la plupart des relations de voyage, nous avons poursuivi notre route jusqu'en France, et pour tâcher de distraire nos lecteurs de l'ennui de nos souffrances, nous avons chanté une nuit de Djedda et décrit l'île de Rhodes, autrefois si poétique, aujourd'hui si déchue.

Lorsque, arrivés en France, nous avons pu comparer les renseignements historiques, que nous avions rapportés d'Abyssinie, avec ceux que nous ont laissés les divers auteurs qui ont écrit sur les temps anciens de cette contrée, la grande analogie que nous avons trouvée entre les récits de Bruce et les détails que nous avons puisés dans les annales du pays nous a prouvé que le voyageur anglais avait travaillé consciencieusement; et pour les incertitudes, pour les obscurités chronologiques, nous avons adopté ses corrections, d'autant qu'elles étaient fondées sur des observations astronomiques qui en garantissaient l'exactitude ; nous avons passé rapidement sur les faits, et nous nous sommes ensuite occupés de la philosophie de l'histoire abyssinienne.

Les missionnaires qui ont écrit sur les temps anciens de l'Éthiopie se trouvaient sous l'influence de préoccupations religieuses, et dans l'intérêt de la cause qu'ils se croyaient obligés de défendre, ils n'ont pas craint de fausser plusieurs faits et de donner à d'autres des interprétations erronées; ils ont raconté les évènements non pas tels qu'ils se sont accomplis, non pas avec cette impartialité qui doit caractériser tout historien, mais toujours dans une vue intéressée et favorable à la justification de leurs idées : de son côté, Bruce est souvent tombé dans de graves erreurs relatives à l'appréciation des faits; protestant de religion, sa haine contre le catholicisme l'a quelquefois emporté à des critiques amères, et s'il n'a pas tronqué, mutilé les évènements, il a, en diverses circonstances, porté des jugements injustes. Pour nous, libres de toute vieille préoccupation, nous avons soigneusement étudié l'histoire du pays, et après l'avoir longtemps examinée sous toutes ses faces, après avoir attentivement pesé les faits divers qni se sont présentés, nous avons, à notre tour, apprécié et jugé sans prévention aucune et sans être influencés par des théories exclusives et arrêtées.

Quoique les Abyssiniens passent, comme nous, pour chrétiens, leurs mœurs sont diamétralement opposées aux nôtres; elles nous ont paru si singulières, que nous n'avons pas cru trop faire en consacrant un chapitre entier à traiter de cette importante matière. Quelques faits moraux, éparpillés dans l'itinéraire, préparent le lecteur à ce que nous avons à lui apprendre plus tard sur le mariage et la manière d'aimer de ces peuples. Après avoir parlé du sort des enfants en cas de séparation des époux, et des lois relatives aux successions, nous nous étendons longuement sur tout ce qui peut se rattacher à la question morale; nous réunissons quelques faits frappants dont presque toujours nous avons été les témoins; nous parlons ensuite des diverses manifestations de l'amour en Abyssinie, du rôle que remplissent certaines classes de femmes dans les armées ou auprès des rois; et après nous être engagés dans une foule de détails particuliers et souvent scabreux, mais nécessaires, que nous tâchons pourtant de rendre le plus décemment possible, nous laissons notre jugement en suspens; et les lecteurs décideront s'ils doivent ou non lancer l'anathème sur un peuple abandonné sans règle et sans frein à tous ses penchants, et n'ayant dans la pratique d'autres lois morales que ses désirs et ses caprices.

Après avoir donné un développement suffisant à tout ce qui concerne l'église abyssinienne, nous nous sommes occupés de son clergé que, sous tous les rapports, nous avons cru devoir flétrir d'une juste réprobation. La plupart des prêtres d'Abyssinie sont immoraux, ignorants et contrefaits de corps; si nous avons signalé leurs vices et ridiculisé leurs travers, c'était simplement pour tracer un tableau fidèle de leur conduite et pour donner une idée de leurs personnes; nous n'étions nullement préoccupés par des considérations haineuses de parti ou de religion, et si nous n'avons pas respecté la dignité de leur caractère, c'est qu'ils ne la respectaient pas eux-mêmes. En jugeant avec sévérité, mais avec justice, ceux qui, en Abyssinie, exercent les fonctions du sacerdoce, nous n'avons jamais prétendu faire allusion aux prêtres étrangers à ce pays: le clergé d'Europe, en général, et principalement celui de France, aurait tort de nous prêter des intentions que nous n'avons pas eues, et il ferait preuve de susceptibilité mesquine et même maladroite en nous les attribuant.

Nous n'avons pas été plus indulgents lorsqu'il a été question des cheikhs musulmans que nous avons rencontrés à Dérita et chez les Galla-Ouello; nous les avons jugés avec la même impartialité, la même sévérité, c'est à dire que nous avons toujours cherché à être vrais et justes.

Durant la route, nous avons généralement retracé nos impressions de voyage et reproduit les sensations diverses qui nous ont agités au sein d'une population inconnue, où presque tout ce qui frappait nos regards était nouveau pour nous. Nos lecteurs nous pardonneront sans doute la complaisance avec laquelle nous nous sommes étendus sur notre drame de Gouël. Après avoir longtemps vécu de fatigues, de privations et de dangers, lorsque la fatalité ou la providence nous entraîna chez Hassan-Doullo, roitelet de l'une des peuplades musulmanes qui s'étendent depuis la rivière du *Bachilo* jusqu'à celle de *Ouahet*, et que ce chef barbare, après nous avoir frappés d'une sentence de mort, nous fit enfermer dans une chaumière autour de laquelle il préposa des gardes, nous fûmes violemment agités, et des émotions affreuses se succédèrent rapidement en nous : certes, de pareilles scènes se reproduisent rarement dans la vie humaine, et nous nous croyons excusables de nous être appesantis sur une évènement si tragique.

Des nombreuses aventures qui se sont multipliées sur notre route, nous avons choisi celles qui pouvaient non seulement présenter le plus grand intérêt, mais qui devaient encore contribuer à faire connaître différents usages établis dans le pays, et qui, par leur bizarrerie, méritaient d'être signalés; nous avons souvent été obligés de parler de nous, et si, dans quelques circonstances, le public croyait pouvoir nous accuser de manque de modestie, pour nous justifier nous nous rejetterions, comme toujours, sur la nécessité d'être vrais. Dans ce pays habité par des Noirs, la rare apparition d'hommes blancs excitait une agitation universelle; on nous considérait comme des phénomènes, comme des êtres privilégiés, et on nous entourait de respects et d'égards : les rois nous fêtaient, les femmes nous admiraient, et notre jeunesse, mais surtout notre couleur, étaient les seules raisons des hommages qu'on nous rendait; comme aussi notre *qualité* de blancs, qui nous faisait passer, parmi ces peuples grossiers, pour des hommes opulents, nous exposait quelquefois à leurs vexations.

Avec les idées que nos lecteurs auront dû se former des cours d'Abyssinie, d'après les peintures que nous en avons laissées nous-mêmes, ils pourront trouver extraordinaire que nous aimions à comparer ces rois de race esclave, comme ils le disent eux-mêmes, à nos souverains de haute lignée, et que nous cherchions une analogie dans les événements accomplis en France et en Éthiopie; mais ces rapprochements se sont présentés d'une manière toute naturelle, et nous avons pu sans effort saisir des ressemblances frappantes en suivant, dans l'un et l'autre pays, la marche de la royauté. Et d'ailleurs, la puissance des empereurs abyssiniens était autrement formidable, dans les temps reculés, qu'elle ne l'est aujourd'hui; leurs vastes possessions sont démembrées, et leur pays, florissant autrefois dans une grande unité, est déchiré par ses propres enfants, qui le livrent à une anarchie complète et déplorable : depuis longtemps l'Abyssinie n'est plus que le malheureux théâtre de querelles sanglantes et interminables; elle est affaiblie, écrasée, et il ne serait pas étonnant qu'à la vue de sa déchéance et de sa misère actuelle, le public ne comprît pas d'abord, s'il n'était prévenu, que nous eussions pu nous complaire dans ces rapprochements qui, au premier abord, doivent paraître outrés. Si rien n'est moins majestueux aujourd'hui que les majestés abyssiniennes; si, dans ce pays, la royauté est tellement déchue qu'elle ait perdu jusqu'au souvenir de sa splendeur d'autrefois, les détails pompeux qui nous ont été transmis, relativement aux cours de cette contrée, attestent qu'elles ont joui dans le passé d'une grande importance.

D'ailleurs, quoique la souveraineté, en Abyssinie, ait entièrement mis de côté cet éclat prestigieux qui l'environne encore dans la plupart des royaumes d'Europe, elle n'a pas fait l'abdication de tous ses droits; elle est fortement et solidement constituée, ses pouvoirs sont illimités, et nous avons pu voir par nous-mêmes que celui qui est à la tête d'une population sauvage et arriérée n'en est pas moins roi que celui qui commande à des peuples policés et avancés en civilisation. Les chefs de ces pays sont absolus, despotes, leurs volontés sont des lois, et personne ne songe à contrôler leurs fantaisies si extravagantes qu'elles puissent être : leur mode de gouvernement est parfaitement établi, parfaitement assis; comme dans tous les pays du monde sans exception, ces chefs voient rangée autour d'eux une aristocratie intrigante et altière, et en descendant les dégrés de l'échelle, on retrouve bien distinctes, bien marquées, les diverses classes qui, réunies, constituent le corps social : en Abyssinie, comme partout ailleurs, il y a une hiérarchie, et en Abyssinie mieux qu'ailleurs peut-être, le roi est réellement le chef de cette hiérarchie.

Dans notre appréciation d'usages et de coutumes, dans les diverses explications que nous donnons des faits et des évènements qui se sont passés sous nos yeux, nos lecteurs n'oublieront pas que les jugements que nous portons ne sont pas absolus, et que nous n'avons jamais prétendu généraliser dans leur application; on comprendra aisément sans doute que, si nous avons applaudi à la justice rigoureuse d'Abyssinie, nous ne voudrions pas la voir introduire chez nous.

Nous avons eu d'abord l'intention de relever, chemin faisant, les nombreuses erreurs des voyageurs qui nous ont précédés; mais nous les avons trouvées si accumulées, que nous avons craint de les voir envahir le corps de l'ouvrage;

nous avons alors réuni les plus graves et nous les avons placées à la fin du dernier volume : il en est quelques unes, néanmoins, que nous avons signalées sur les lieux mêmes, et qu'on rencontrera éparses dans le cours de l'itinéraire.

Comme nous avions senti l'importance d'avoir les véritables noms des provinces, des villes et villages de cette vaste contrée, nous nous sommes soigneusement appliqués à les rendre dans notre orthographe tels que les naturels du pays les prononcent; dans nos corrections, nous avons en général signalé les fautes des géographes à ce sujet; mais, comme il eût été fastidieux de revenir trop souvent sur des comparaisons de mots, nous croyons devoir prévenir nos lecteurs que, lorsqu'ils trouveront, dans notre itinéraire ou sur notre carte, des noms écrits différemment que chez les autres voyageurs, ils peuvent, en toute confiance, accepter nos dénominations nouvelles, parce que nous n'avons jamais fait de correction qui n'ait été précédée d'un examen approfondi et consciencieux.

Les erreurs de Bruce et de Salt relatives aux pays qu'ils n'ont pas visités nous ont paru si graves, que nous avons cru devoir nous méfier des renseignements que nous ont fournis les naturels, qui ne possèdent rien moins que l'esprit d'observation, et nous nous sommes généralement peu étendus sur les descriptions des lieux que nous n'avons pu voir par nous-mêmes [1].

Quoique la carte que nous avons tracée ne soit pas fondée sur des observations mathématiques, néanmoins la montre et la boussole qui ne nous ont jamais abandonnés, et que nous sauvâmes à Gouël par miracle, nous ont toujours permis de prendre les distances et les directions, et en nous basant sur quelques points connus

[1] Pour donner une idée de l'importance qu'on doit ajouter aux renseignements fournis par les Abyssiniens, nous allons retracer ici une description que l'un d'eux nous fit de l'autruche : Nous étions alors à Ankober, occupés à prendre des instructions sur les pays environnants ; nous parlions de la rivière du *Haouach* qui coule à deux journées de cette capitale, et il était question des animaux féroces et sauvages qui peuplent ses bords : un homme qui se trouvait alors dans notre société, et qui passait pour un érudit, nous demanda si on ne connaissait pas en Europe un oiseau colossal qu'on rencontrait communément sur le territoire des tribus d'Adal. Nous le priâmes, avant de lui répondre, de nous décrire exactement cet animal, et voici les détails qu'il nous donna : Cet oiseau, nous dit-il, que nous appelons *sagouon*, est d'une grandeur de plus de cinq mètres ; ses pattes seules ont deux mètres de longueur, et leur couleur est jaune ; ses pieds ont la forme de ceux des coqs ; son plumage est d'une blancheur éblouissante ; il a le cou long ; ses yeux sont noirs et petits comme ceux d'un homme ; son bec jaune est comme celui d'une poule ; il se nourrit de grains, et lorsqu'il est poursuivi, il va d'une vitesse à fatiguer les meilleurs chevaux ; il déploie ses ailes, et ne s'élève jamais en l'air. Nous demanderons à un naturaliste s'il aurait reconnu l'autruche à ce signalement.

dont la position avait été fidèlement déterminée, nous croyons pouvoir offrir au public un travail à peu près exact. Pour les routes que nous n'avons pas nous-mêmes parcourues et qui se trouvent sur notre carte, nous nous sommes appuyés sur les données fournies par nos devanciers.

Quelques uns de nos lecteurs, transportés peut-être pour la première fois dans ces régions lointaines, se demanderont sans doute pourquoi nous n'avons pas cherché à nous munir d'instruments astronomiques pour faire une œuvre achevée; certes, s'ils connaissaient les difficultés sans nombre que nous avons eues à surmonter, alors même que nous n'avions avec nous que les vêtements qui enveloppaient notre corps, ils ne s'étonneraient pas de notre *imprévoyance calculée;* s'ils savaient que, seuls et presque dénués de tout, nous avons encore tenté la cupidité de certaines peuplades inhospitalières, ils concevraient aisément qu'il nous était impossible de charrier avec nous des instruments qui, réclamant un entourage, devaient nous donner l'apparence d'hommes riches, et nous exposer à nous faire piller inévitablement et peut-être même assassiner.

Les explorateurs courageux qui ont tenté de pénétrer dans des contrées inconnues étaient presque tous des hommes spéciaux, des savants, dont les relations écrites ne pouvaient guère plaire qu'à ceux qui avaient eux-mêmes la spécialité de voyageurs ou de géographes; ils n'ont pas cru que leur œuvre pût être susceptible d'ornements, et ils l'ont revêtue de formes sèches et arides qui ne devaient convenir qu'à un petit nombre; ils se sont montrés exclusivement savants, et peu de personnes ont pu les apprécier : qu'on lise plutôt Nieburh, Salt ou Valentia. Bruce, qui, dans son ouvrage péniblement élaboré pendant seize ans, a fait quelques efforts pour éviter ce travers et rompre cette monotonie, n'y est presque jamais parvenu qu'aux dépens de la vérité; les missionnaires sont ordinairement tombés dans l'excès contraire, et pour être intéressants ils ont négligé le côté de la science. Pour nous, vivement pénétrés de cette idée que tous les objets ont un double aspect, l'aspect poétique et l'aspect positif, tous deux vrais, existants et incomplets l'un sans l'autre, nous avons cherché à les saisir, à les retracer, à les réunir : les faits extraordinaires qui ont dû naturellement se présenter à chaque instant dans une contrée qui était, sous tous les rapports, l'antipode de la nôtre, avaient par eux-mêmes un intérêt assez puissant pour qu'il ne fût pas nécessaire d'avoir recours au mensonge, à la fiction, pour jeter quelques ornements dans notre œuvre positive.

Comme nous l'avons observé en commençant, des quatre grandes parties du monde, l'Afrique est encore aujourd'hui la moins connue, quoique depuis longtemps elle fixe l'attention des hommes les plus avancés de l'époque; cependant le moment n'est pas éloigné où toutes ses routes seront ouvertes : dès que les Européens ont pu s'établir en Égypte, il est devenu facile, en partant du Caire ou d'Alexandrie, de pénétrer jusqu'en Nubie, dans le Sennâr et le Kourdoufan; dès qu'un nouveau centre aura pu se former en Abyssinie qui se trouve dans le cœur de l'Afrique, et qu'on pourra obtenir dans ce pays des sûretés aussi grandes que celles dont on jouit dans les États de Mohammed-Ali, il sera aussi aisé de s'avancer dans l'intérieur qu'il l'est aujourd'hui d'arriver jusqu'aux frontières de l'Éthiopie en prenant l'Égypte pour point de départ.

Depuis longtemps l'Abyssinie se tourmente, guerroie, attend; l'Abyssinie souffre, s'agite et elle exhale horriblement sa souffrance; elle ne sortira pas seule du malaise qui la ronge. L'Abyssinie manque d'unité, elle a besoin de secours pour se désembourber de ce gouffre de guerre et d'anarchie dans lequel elle s'est plongée, et si nos pressentiments ne nous trompent, l'Europe ne demeurera pas étrangère à la réorganisation de ce peuple : une foule d'imaginations ardentes et aventurières se tournent vers l'Abyssinie comme vers un point qui va luire, et l'on semble comprendre que ces clameurs terribles qu'elle pousse, loin d'être des râles de mort, sont les cris douloureux d'une mère qui va enfanter. Si les hommes qui seront attirés vers cette contrée sont assez habiles pour saisir la tendance de ses habitants, s'ils savent leur imprimer une direction conforme aux plans providentiels, ils accompliront une œuvre glorieuse en commençant à tresser le lien qui doit un jour unir l'Abyssinie au reste du globe !

I

SOMMAIRE.

Le Ramadan et les fêtes qui le suivent. — Progrès accomplis par les Mahométans. — Départ de Djedda. — Changement de vent à El-lit. — Préparatifs d'une expédition contre l'Assir. — Supplice du pal. — Départ de Ghonfouda. — Arrivée à Djézan. — Considérations générales sur l'Yémen. — Loheïa. — Idée qu'on se forme des Européens. — Arrivée à Hodeïda. — Description de cette ville et de ses environs. — Fréquentes visites du gouverneur. — Départ de Hodeïda par terre. — Aspect de la route. — Arrivée au village de Drimi. — Nous venons stationner à Beit-el-Fakih.

CHAPITRE I.

Nous étions en janvier 1835 : après les voyages que nous avions accomplis séparément, nous nous trouvions réunis à Djedda à l'époque du Ramadan, et quoique nous fussions impatients de nous diriger vers l'Abyssinie, le désir d'assister aux fêtes que les musulmans célèbrent après leur carême nous détermina à séjourner quelque temps dans ce port, avant de nous remettre en mer.

Pendant ce mois d'abstinence, les mahométans mènent, durant le jour, une vie paisible et retirée. Depuis le lever du soleil jusqu'à son coucher, ils se privent de toute nourriture, et il leur est même défendu de boire, de fumer et de communiquer avec leurs femmes; sous une température brûlante, on conçoit aisément ce qu'il y a de rigoureux dans l'observation de semblables préceptes, et l'on ne s'étonne pas de les voir prendre toutes les mesures possibles pour se soustraire aux moindres fatigues. Les rues de leurs villes sont mornes et silencieuses, et si l'on adresse la parole à quelque pieux musulman, il ne répond qu'avec une répugnance visible, car il craindrait, en vous parlant, de s'exposer à défaillir. Tous les cafés et la plupart de leurs magasins sont fermés, et sans les pauvres qui ne sauraient jouir du privilége de l'oisiveté sous peine de jeûner trop longtemps, Djedda présenterait l'aspect d'une ville abandonnée. Mais, dés qu'arrivent les ténèbres, tout s'éveille et s'émeut : les bazars se remplissent et se vivifient, on se presse dans les cafés, et l'élégant narghilé de l'Arabie y reprend aussitôt sa bruyante activité : les minarets entourés de lumière annoncent au loin, phares étoilés, que les nuits sont vivantes, et les maîtres impatients se rapprochent de leurs odalisques. Cette agitation générale, ce bruit, ce tumulte, alors que tout devrait reposer, le mouvement qu'on remarque dans toutes les maisons, les pâles illuminations des marchands luttant avec une obscurité profonde dans des rues étroites et tortueuses, les nombreuses apparitions de femmes sur les terrasses, les cris joyeux, les chants, donnent à Djedda une physionomie particulière, originale, dont il serait difficile de se faire une idée exacte dans nos pays.

Quoique les mahométans attribuent une haute importance à tout ce qui concerne la religion, quoiqu'ils se croient en droit d'appeler infidèle ou idolâtre quiconque ne professe pas l'islamisme, néanmoins il est aisé de s'apercevoir que leur vain étalage de ferveur et de dévotion n'est souvent qu'hypocrisie et mensonge. Courbés sous un joug qu'ils ne peuvent encore briser, on dirait qu'ils se font un mérite, une gloire de leur esclavage, car ils s'enorgueillissent, avec une ostentation outrée, de vivre sous une croyance qui les gêne. Soumis à des chefs absolus qui tirent leur principale force de la religion, ils se voient contraints de se soumettre humblement, et n'osant se livrer ouvertement à la révolte, leur protestation demeure individuelle, tacite, mensongère; mais alors il n'est pas vrai de dire que, dans tous les cas, l'hypocrisie est un hommage que le vice rend à la vertu, c'est souvent une concession forcée que les hommes les plus avancés font aux exigences d'une époque qui ne comprend plus leurs besoins, et qu'ils sont encore incapables d'entraîner avec eux.

Mais si l'influence du voisinage de la Mecke et des lieux saints se fait toujours ressentir à Djedda, si ses habitants sont encore imbus des préjugés qu'enfantent la superstition et le fanatisme, Constantinople et le Caire, par exemple, ces deux grandes capitales du mahométisme, se sont affranchis des rigueurs et de l'exclusivisme du Coran : dans leur sein, les liqueurs et le vin se boivent à pleins bords, la viande de porc est étalée dans tous les bazars, et les chrétiens y jouissent d'une considération plus grande que les musulmans eux-mêmes.

Il ne faudrait pas croire cependant que, tandis que de semblables progrès s'accomplissent loin du territoire sacré, Djedda soit resté absolument stationnaire ; les rapports commerciaux qui existent depuis longtemps entre les Arabes et les Anglais ont contribué à dissiper une foule de préventions qui nous étaient nuisibles, et les Européens, qui ne pouvaient naguère sortir du grand bazar sans risquer leur vie, parcourent aujourd'hui la ville dans tous les sens, et il leur est même permis de s'approcher de la Mecke sans courir le moindre danger ; ils peuvent, en outre, amener et garder chez eux des femmes musulmanes, et ils n'ont pas à craindre comme autrefois, lorsqu'ils étaient surpris, d'être obligés de se faire circoncire sous peine de mort, et ces femmes ne sont plus exposées, dans ce cas, à être cousues dans un sac pour être jetées à la mer.

Nous passâmes à Djedda le mois de Ramadan, et ce ne fut pas sans plaisir que nous en vîmes arriver la fin. Dès que la lune nouvelle parut, nous entendîmes résonner les canons de la citadelle annonçant que le temps du jeûne était passé, et dès le lendemain les réjouissances de la Pâque musulmane commencèrent. Ces fêtes, connues sous le nom de *Beïram*, durent quatre jours, pendant lesquels tous les travaux sont interrompus ; les commerçants barricadent leurs boutiques et les employés du gouvernement suspendent toutes les affaires. Les rues, balayées avec soin et les bien arrosées, sont d'une propreté admirable; femmes, jouissant, à cette époque, d'une liberté extraordinaire, sortent de leurs harems dans tout l'éclat de leur parure orientale; elles parcourent la ville, se visitent et viennent enfin se presser sur une vaste place, centre de tous les jeux. Avec elles (car elles ne sont que spectatrices), nous assistâmes tour à tour aux danses des Arabes, des habitants de Mascatte ou des Noirs : celles des premiers respiraient une insouciance et un abandon caractéristiques, les seconds dansaient avec une sorte de religiosité, tandis que, dans leurs poses et dans leurs mouvements, les nègres étaient lascifs et grotesques. Une troupe de bouffons de l'un et de l'autre sexe exécutait des pantomimes burlesques : nous admirâmes ensuite la hardiesse de quelques jeunes gens se balançant sur les escarpolettes ou tourbillonnant sur des *saquia* [1] avec une inconcevable rapidité. Pour prendre aux réjouissances une part plus active, quelques femmes se plaçaient dans les *meryaha* [2] ou venaient remplir les *sàrir* [3] suspendus, et

[1] Roue horizontale tournant sur un axe.

[2] La meryaha ressemble à une roue hydraulique dont les godets seraient remplacés par des caisses.

[3] Lit de cordes ou de lanières entrelacées.

se laissaient mollement bercer avec cette nonchalance tout asiatique qui irrite par réaction. En somme, il y avait dans ces fêtes beaucoup de bruit, de mouvement et de désordre.

Ces jours de repos et de plaisirs écoulés, tout rentra dans l'ordre accoutumé : le commerce reprit son activité et chacun se livra à ses occupations ordinaires. Nous nous hâtâmes de terminer nos préparatifs, et grâce à un firman de Mohammed-Ali, que nous avions apporté du Caire, nous obtînmes du gouverneur de Djedda toutes les lettres de recommandation que nous jugeâmes convenable de lui demander, et ainsi munis, nous partîmes, décidés à aller explorer le littoral de l'Yémen avant de pénétrer dans l'Abyssinie.

Nous nous embarquâmes le 11 février : les vents du nord qui règnent presque continuellement sur cette partie de la mer Rouge nous poussèrent rapidement jusqu'à *El-lit.* Nous relâchâmes dans une petite baie, quelques marins prirent terre, et dans le village qui est à une demi-heure du port, ils trouvèrent de la farine, du lait, des dattes et de belles poules. Nous avions fait les deux tiers du chemin de Djedda à *Ghonfouda ;* mais le vent du sud, qui remplace ordinairement à El-lit le vent du nord, rendit notre navigation longue et dangereuse. Les barques qui sillonnent le golfe Arabique ne sont pas pontées et ne peuvent s'engager dans la pleine mer : on est obligé de tenir la côte, qui est, en général, semée d'écueils, et l'on s'arrête tous les jours vers les quatre heures de l'après-midi pour passer la nuit au mouillage. Peu de temps avant d'arriver, nous fûmes assaillis par un violent ouragan qui nous poussa sur des rochers où nous entendîmes notre barque craquer avec un bruit pareil à celui de nos carrosses dans nos rües pavées : par un bonheur inexplicable, nous parvînmes à nous dépétrer sans mésaventure ; mais la plupart des passagers effrayés voulurent être débarqués, et ayant trouvé des dromadaires sur le rivage, ils se rendirent par terre à Ghonfouda, où nous abordâmes nous-mêmes le 17.

Ghonfouda, par les 19° 7′ de latitude, est un port de peu d'importance, qui ne commerce guère qu'avec Djedda. Les marchandises venues de l'Inde ou de l'Yémen n'y arrivent jamais directement ; en sorte que les denrées qu'on exporte de ces contrées s'y vendent plus cher qu'à Djedda. L'intérieur lui fournit quelques fruits et des céréales qui se consomment presque entièrement dans la ville. On y trouve de l'eau assez bonne. L'atmosphère de Ghonfouda, surtout en hiver, est lourde, impure, et enfante un grand nombre de maladies, comme fièvres, dyssenteries et scorbut. A notre passage, le choléra y faisait quelques ravages. Si Djedda est le meilleur poste de la mer Rouge sur la côte orientale, Ghonfouda est peut-être le plus mauvais. Les vents du sud, qui y soufflent presque sans interruption, sont la cause de ce fâcheux changement. Les maisons de l'intérieur comme celles des faubourgs sont construites en chaume; la ville est entourée d'un rempart de pierre. Il est très rare de rencontrer des femmes dans les rues; on n'en trouve pas même au bazar. Leur vêtement ne se compose que de trois pièces : une serviette en couleur, dont elles se ceignent les reins et qui descend jusqu'aux pieds; un voile flottant sur les épaules, semblable à celui qui pare la vierge de Raphaël, et un *melayé* [1], qui enveloppe tout leur corps et leur sert même quelquefois à couvrir la figure. Ce costume ne dérobe pas toujours leur sein aux regards indiscrets; mais il est bon d'observer que les musulmanes

[1] Espèce de manteau léger en soie ou en coton, à l'usage des femmes.

tiennent bien plus à cacher leur visage que leur gorge. Le voisinage des lieux saints a fait adopter à plusieurs d'entre elles un voile d'un fin tissu, dont elles se couvrent entièrement la figure, sans même laisser d'ouverture pour les yeux; cependant, malgré cet excès de rigorisme, si on les surprend dévoilées, elles ne mettent à se cacher ni la même affectation, ni la même précipitation des femmes que nous avions déjà vues dans les divers pays soumis à l'islamisme.

Quand nous arrivâmes à Ghonfouda, on y préparait une nouvelle expédition contre l'Assir. Les nombreuses tentes de l'armée étaient déployées dans une vaste plaine de sable, à une demi-heure de la ville. On attendait tous les jours l'arrivée d'Ahmet-Pacha, qui devait diriger les opérations de la campagne. Son frère Ibrahim, envoyé par le vice-roi d'Égypte pour tenter la conquête de Sana, mais qui devait, avant de se rendre dans l'Yémen, accompagner Ahmet dans l'Assir, se trouvait déjà dans le camp. Les soldats, qui allaient et venaient de leurs tentes à la ville, donnaient à Ghonfouda et à ses environs un aspect animé qu'ils n'ont pas ordinairement. Les Européens qui se trouvaient employés dans l'armée, comme médecins, pharmaciens ou instructeurs, nous accueillirent généreusement et rivalisèrent pour nous de prévenances et d'égards.

Nous étions, un jour, dans la tente du médecin en chef, lorsque nous entendîmes une vive rumeur : nous sortîmes aussitôt, et nous vîmes un grand nombre de soldats et de domestiques qui se rendaient en foule vers la tente d'Ibrahim-Pacha. Curieux de connaître le motif de leur empressement, nous les suivîmes : à peine fûmes-nous arrivés, qu'un spectacle horrible, hideux s'offrit à nos regards : on venait d'empaler un homme; mais, par un malheur qui n'arrive que trop souvent, le pal n'avait atteint aucune des parties essentielles à la vie, et la victime, en proie aux plus affreuses tortures, exprimait son angoisse par des cris lamentables qui n'éveillaient la pitié de personne. Nous sûmes, plus tard, que ce malheureux avait vécu trois jours, dans cette épouvantable agonie, exposé aux railleries, aux outrages et aux coups de pierres d'une multitude barbare. Nous demandâmes quel était son crime, et l'on nous apprit que c'était un *fellah* [1] d'Égypte, qui avait déserté parmi les Bédouins, et qu'on venait de surprendre rôdant autour de la tente d'Ibrahim : on avait trouvé sur lui un poignard qu'il tenait

[1] Paysan.

caché dans son sein ; on crut qu'il était venu dans l'intention d'attenter à la vie du pacha ; et, sur une simple prévention, il avait été condamné à mort. La sentence avait été exécutée sur-le-champ.

La peinture de semblables horreurs, en excitant l'indignation des peuples de l'Europe, contribuerait peut-être à donner une idée exagérée de la férocité des Orientaux ; aussi sentons-nous le besoin d'ajouter que, si ces actes terribles de justice, nous ne craignons pas de les appeler ainsi, sont révoltants pour nous, ils sont nécessaires chez une nation dépourvue de tout sentiment d'honneur et d'amour-propre qui, n'ayant nulle conscience de la dignité humaine, ne peut être malheureusement dominée que par la terreur qu'on lui inspire.

Le 2 mars, nous quittâmes Ghonfouda. Nous avions le vent en poupe ; le 4, à midi, nous arrivâmes à Djézan dans la petite province d'Abou-Arich. Le commerce de ce port, qui était autrefois assez considérable, a beaucoup perdu de son importance depuis que Mohammed-Ali s'est réservé le monopole de la plupart des produits de l'Arabie. On recueille, dans les montagnes voisines, beaucoup de séné et du café que l'on transporte au Caire en passant par Djedda et

Souez. La ville, quoique petite, occupe un assez grand espace de terrain, parce que les maisons sont éparpillées : du côté du sud, elle a une citadelle dont l'aspect est assez imposant. Ce fort est environné de nombreuses constructions ruinées et abandonnées. Les habitations d'aujourd'hui sont des chaumières en forme de cylindre, surmontées d'une toiture conique, recouvertes, à l'intérieur, d'une épaisse couche de terre d'argile. Les seuls meubles qu'on y remarque généralement sont des sarir, quelques couffes suspendues et la poterie indispensable au ménage. Des groupes de maisons sont entourés d'une haie de bois mort, et les quelques familles qui se trouvent réunies dans cette enceinte semblent former entre elles un petit monde à part. Les Bédouines, qui descendent à Djézan, sont mieux que celles que nous avions vues jusqu'alors : leur physionomie est prévenante et heureuse; elles ne portent pas de voile, une ample robe bleue compose tout leur costume, et leur tête est couverte d'un chapeau de paille dans la forme de nos chapeaux ronds. Les femmes de la ville sont aussi dévoilées, leur vêtement est le même que celui des Ghonfoudoises, quelques unes seulement y ajoutent une chemise. Leurs cheveux sont divisés en quatre tresses qui retombent gracieusement sur leurs épaules. Sur le devant de la tête, elles portent des demi-couronnes de fleurs et d'herbes odoriférantes qu'elles renouvellent presque tous les jours. Depuis Djedda les femmes ne portent plus de caleçon. A Djézan, les hommes se drapent avec des couvertures en laine; ils ont grand soin de leur chevelure, qu'ils frisent avec beaucoup de goût, et qu'ils adoucissent avec du beurre. L'or n'a pas cours dans la ville; les *talaris* [1], les piastres d'Égypte et les roubies de l'Yémen sont les seules monnaies reçues : le bazar n'a que trois ou quatre boutiques mal pourvues; on y trouve quelquefois des fruits et du poisson, la volaille y est à très bas prix. Abou-Arich, capitale de la province qui porte ce nom, est à une journée de distance de Djézan.

Depuis Ras-Hali, qui se trouve par les 18° 36' de latitude, nous avions quitté l'Hedjaz, pour l'Yémen, l'Arabie-Déserte pour l'Arabie-Heureuse.

Cette dernière contrée, dont les Anciens nous ont laissé de si brillantes descriptions, ne mérite sa haute réputation que par contraste avec

[1] Piastre d'Espagne ou d'Autriche de la valeur de 5 fr. 25 cent. environ.

les pays environnants. Après avoir visité les montagnes arides de l'Arabie-Pétrée et les plaines sablonneuses de l'Hedjaz, on a lieu sans doute de s'étonner de la fécondité du sol de l'Yémen; les céréales y abondent; le café, les fruits et les fleurs y répandent leurs parfums; son ciel est bleu et ses femmes sont belles; mais, avec tous ses avantages, l'Arabie-Heureuse est encore loin de pouvoir rivaliser avec nos pays d'Europe.

Des pluies régulières, qui commencent vers le milieu du mois de juin et se prolongent jusque vers la fin de septembre, fertilisent l'Yémen. Même à cette époque, le ciel n'est jamais couvert pendant vingt-quatre heures de suite. La température de Sana est plus douce que celle du Téhâma. La chaleur diffère selon qu'on s'éloigne ou qu'on s'approche des côtes; il tombe beaucoup de rosée, sur les bords de la mer surtout. L'Yémen produit du doura, du froment, de l'orge, du café, du toumbac, de la myrrhe, de l'encens, etc.; les qualifications de baumier de la Mecke, de gomme arabique et d'autres arbres qui abondent dans divers pays et sont très rares en Arabie, sembleraient indiquer que cette contrée, qui prétend avoir vu les premiers hommes, a aussi donné naissance aux premières plantes qui, après s'être multipliées comme les hommes dans d'autres régions, auront gardé néanmoins le nom de leur terre originaire. L'architecture arabe est, en général, misérable, principalement dans l'Hedjaz ; mais si nos moindres villages ont des églises, les hameaux de l'Yémen aux habitations en chaume ont tous de grandes mosquées en pierre. Les Bédouins de l'Hedjaz, errants dans leurs déserts infertiles, n'ont pas senti le prix de belles maisons et de majestueux édifices; aussi n'y rencontre-t-on pas un seul monument remarquable, tandis que les habitants de l'Arabie-Heureuse, retenus chez eux par la fécondité de leur sol privilégié, s'entourent de tout ce qui peut ajouter quelques agréments à l'existence, certains de ne pas être obligés de s'expatrier pour vivre.

Les ânes de l'Yémen sont grands et vigoureux; les animaux féroces et dangereux y sont rares, on y trouve une prodigieuse quantité de gibier. Il y a des mines de fer, du sel gemme, du soufre et du porphyre. Les arts y sont négligés; les Juifs et les Banians établis dans le pays travaillent l'or, l'argent et le fer; on y remarque des moulins à vent; il y a aussi des fabriques de toiles grossières. Les monnaies courantes sont le talari d'Autriche et d'Espagne, les sequins de

Venise, les doublons et les roubies de l'Inde. Les fièvres, le *farantit*[1] et la plaie terrible de l'Yémen qui étend ses ravages depuis Yambo jusqu'au détroit de Bab-el-Mandeb sont les principales maladies qui désolent l'Arabie-Heureuse. Le bois est très rare dans cette contrée, et on y supplée en faisant usage de la bouse de bœuf ou de chameau. On rencontre dans l'Yémen un grand nombre d'esclaves nègres et galla. On vante beaucoup la sobriété des Bédouins; il est vrai qu'ils savent se contenter de peu, mais c'est seulement lorsqu'ils sont obligés de vivre à leurs frais : leur avarice est extrême; mais, lorsqu'ils sont nourris aux dépens des autres, leur gloutonnerie est ignoble et leur indiscrétion sans bornes. Il est souvent question, dans Niéburh, d'hôtelleries et de cabarets qu'on trouve dans l'Yémen, et où l'on reçoit les étrangers sans paiement; ces maisons hospitalières pouvaient exister du temps de ce voyageur, mais il paraît que, depuis lors, elles ont disparu et que les usages sont changés.

Nous ne restâmes à Djézan que quelques heures, nous voulûmes profiter du vent qui était toujours favorable, et, le 6, nous étions dans

[1] Ver de Pharaon, ou dragonneau.

le port de Loheïa par les 15° 42′ de latitude.

Nous débarquâmes : notre reïs[1] nous avait annoncés comme médecins, et en entrant dans la ville, nous eûmes à subir les importunités d'un grand nombre de personnes qui venaient nous appeler pour voir des malades. Nous eûmes beau protester de notre ignorance dans l'art de guérir, il nous fut impossible de convaincre ces Arabes, qui sont persuadés que tous les Européens ont au moins quelques notions sur la médecine, s'ils ne l'ont pas approfondie.

Comme Djézan, Loheïa a son fort, et un rempart en briques renferme la moitié de ses maisons ; elles sont construites les unes en pierre, d'autres en chaume, et plusieurs sont en roseaux artistement entrelacés : elles sont toutes accouplées indistinctement, sans que ce pêle-mêle produise un effet désagréable. Vers le centre, on découvre une habitation avec des *moucharabie*[2], style d'Alexandrie. Il y a beaucoup de variété, même d'originalité dans cette ville. Après avoir parcouru la côte arabique depuis Souez, on commence, à Loheïa, à s'expliquer les traditions qui placent le paradis terrestre dans l'Yémen. Il

[1] Patron de navire.

[2] Jalousie orientale.

y a beaucoup de désordre dans ce port, mais ce désordre est beau, pittoresque, attrayant : les femmes y sont séduisantes et revêtent des costumes éclatants; elles semblent se parer avec négligence, sans intention, et elles sont toujours élégantes, coquettes. Les hommes portent de larges chemises à manches plus larges encore, et quelques uns s'enveloppent dans une toile en coton. Le bazar de Loheïa est délicieux, il est resserré, étroit comme pour concentrer les parfums qu'il renferme : partout des fleurs et des fruits; les bananes, si savoureuses, si bonnes, si supérieures à tous nos fruits d'Occident, y abondent. Loheïa, qu'on trouve avec tant de plaisir après Ghonfouda et Djézan, perdrait beaucoup si l'on y arrivait après avoir visité Moka et Hodeïda.

Nous partîmes de Loheïa le 9 mars au matin : vers midi, nous passâmes devant l'île de Kameran, qui possède des sources d'eau excellente; nous nous y arrêtâmes un instant, et, le lendemain, nous mouillâmes à Hodeïda.

Cette ville est éclatante de blancheur. Il y a beaucoup d'art et néanmoins beaucoup de simplicité dans la forme de ses maisons, et il en est quelques unes qu'on prendrait aisément pour des palais. La ville est grande : comme à Loheïa, les murs qui l'environnent sont en briques. A l'extérieur, vers le désert, on remarque un grand nombre d'*éché*[1]. Hodeïda possède plusieurs forteresses d'un goût remarquable ; avec une habileté rare, les architectes ont su allier à ces constructions guerrières une élégance qui surprend. Le bazar est grand et bien pourvu : les produits de l'Yémen, les étoffes et les riches tissus de l'Inde y affluent. Hodeïda est le port de Beit-el-Fakih, et son principal commerce consiste en café. Un pantalon large, une chemise blanche et le cafetan composent le vêtement des gens riches ; ils entourent leur tête d'un turban, et plusieurs portent une espèce de calotte de laine aux couleurs variées, par dessus laquelle ils jettent un mouchoir de la Mecke orné de franges flottantes ; d'élégantes sandales leur servent de chaussure. Ici les femmes font un grand étalage de leur parure, et quoique, dans le détail, leur costume diffère peu de celui des ports que nous avons vus précédemment, il a néanmoins dans l'ensemble quelque chose de particulier. La chemise des Bédouines de Djézan est remplacée par une robe éclatante et soyeuse, au corps étroit et aux larges manches ; quelques femmes portent des caleçons

[1] Mot arabe qui signifie maison en chaume.

et voilent leur visage avec toute l'exagération des Ghonfoudoises.

Un grand nombre de palmiers ombragent et embellissent les environs de Hodeïda. Lorsque nous arrivâmes dans cette ville, elle venait, depuis peu, d'être enlevée aux Bédouins par les troupes de Mohammed-Ali, et elle se ressentait étrangement de sa position nouvelle : l'ordre n'était pas encore bien rétabli, les vainqueurs et les vaincus, quoique réunis, s'observaient avec méfiance, et la bonne foi était exclue de leurs relations; pour prévenir les meurtres et les vols, de nombreuses patrouilles rôdaient toutes les nuits dans les rues et ne réussissaient qu'avec peine à maintenir la tranquillité.

Nous dressâmes notre tente hors des remparts sous les plantations de palmiers. A peine fûmes-nous installés, que le gouverneur, suivi du cheikh chargé de la police, vint nous visiter pour nous offrir une maison; mais, comme notre intention n'était pas de séjourner longtemps à Hodeïda, nous refusâmes l'asile qu'il nous proposait, et lorsqu'il vit, après de nouvelles instances, qu'il ne pouvait vaincre notre détermination, il fit venir des gardes, qui veillèrent plusieurs nuits autour de notre tente, afin de nous préserver de tout accident, car on assurait que les alentours étaient peuplés de voleurs.

Nous fûmes placés sous la responsabilité du cheikh, qui se retira après avoir reçu les ordres de son maître, et le gouverneur resta seul avec nous. Nous lui demandâmes alors s'il aimait la tisane des Français, et nous lui offrîmes en même temps une *finnjan*[1] d'eau de vie, qu'il avala en feignant de grimacer. « Est-ce qu'elle est mauvaise? lui dîmes-nous. — Non, répondit-il, mais c'est du fruit défendu. — Il paraît que votre prophète n'aimait pas les liqueurs? — Il n'aimait rien de ce qui peut troubler la raison. — Cependant il chérissait les femmes. » — Le gouverneur sourit : nous lui présentâmes une nouvelle tasse d'eau de vie qu'il accepta sans se faire prier. Pour tranquilliser sa conscience facile, nous interprétâmes, à notre manière, les versets du Coran qui interdisent l'usage du vin, et il était aisé de remarquer la satisfaction qu'éprouvait cet homme en entendant dans notre bouche sa propre justification qu'il n'eût osé entreprendre lui-même, dans la crainte de déconsidérer son livre divin.

Nous passâmes quatre jours à Hodeïda, et malgré les appréhensions du gouverneur qui, s'étant

[1] Tasse à café à l'usage des Orientaux.

habitué à notre tisane, venait tous les jours s'informer de l'état de notre santé, nous y jouîmes d'une tranquillité parfaite. Nous louâmes les chameaux qui nous étaient nécessaires tant pour nous que pour le transport de nos malles, et le 14 mars, après avoir abattu notre tente, nous partîmes pour Moka, vers les trois heures du soir. Nous traversâmes d'abord un vaste cimetière dont les tombeaux, couverts de fleurs, attestaient la piété des habitants envers les morts : nous nous trouvâmes bientôt sur une route sablonneuse, tracée au milieu d'un immense taillis vigoureux et touffu. Nous éprouvâmes un sentiment pénible à l'aspect de cette belle végétation qu'on semblait dédaigner. Peu de temps après, la route se divisa en trois : l'une menait directement à Zébid, l'autre se dirigeait vers les tribus bédouines qui approvisionnent Hodeïda de bois, de laitage et de volaille, et la troisième, qui était la nôtre, conduisait à Beit-el-Fakih. Nous marchions dans la direction sud.

Après avoir cheminé environ trois heures dans le taillis, nous commençâmes à découvrir quelques arbres, et, quelque temps avant la nuit, nous nous trouvâmes dans un de ces beaux paysages que l'on rencontre quelquefois largement dessinés dans le désert. Une nature sauvage et puissante en a fait tous les frais, l'art est resté étranger à la formation de ces sites pittoresques; point de cordeau pour aligner les allées, point d'instruments, point de mesures pour l'économie du terrain; les arbres sont éparpillés çà et là, d'autres se ramassent, s'éloignent ou se rapprochent pour former un tout incohérent et poétique: toute la vie du désert semble s'être concentrée sur ces quelques points délicieux; les alentours sont mornes, arides, brûlés; là tout est frais, se meut, vit; on dirait une fête dans un cimetière. Depuis Hodeïda, le point de vue s'était déroulé de plus en plus intéressant, de plus en plus gracieux; ce beau paysage arriva comme l'admirable dénouement d'une pièce bien faite; au delà nous ne retrouvâmes que sable et stérilité. Il y avait dans ce lieu quelques huttes, dont l'une était un café occupé par une vieille femme infirme obligée de se traîner à quatre pattes pour servir les passants. Un puits creusé auprès de sa demeure lui fournissait de l'eau en abondance, et les Bédouins qui se croisent sur cette route lui apportaient tous les objets nécessaires à la vie.

Nous continuâmes à marcher sur un terrain

sec et inculte, jusqu'au grand village de *Drimi* : avant d'y arriver, nous découvrîmes à notre droite, mais à une assez grande distance, un long rempart de palmiers qui bornait notre horizon.

Le village de Drimi, que nous traversâmes sept heures après notre départ de Hodeïda, est habité par des Bédouins : il est composé de grandes échés; la maison du cheikh et les mosquées, surmontées de trois rondes coupoles, sont construites en briques. Le village renferme une grande quantité de puits très profonds, et les Bédouins y possèdent des manufactures de coton.

Au sortir de Drimi, nous parcourûmes des bois verts et touffus, peuplés de lièvres et de gazelles, que notre approche effrayait peu : la route était pénible, le terrain sablonneux ressemblait à une mer onduleuse. Environ trois heures avant d'arriver à Beit-el-Fakih, les bois disparurent, et nous nous trouvâmes au milieu de terres peu cultivées, quoique d'une nature fertile. De nombreux troupeaux étaient répandus dans la campagne, et les bœufs labouraient les champs avec la charrue attachée au cou.

Nous arrivâmes à Beit-el-Fakih accablés de

sommeil, après avoir marché depuis trois heures du soir jusqu'à neuf heures du matin, au pas de chameaux pesamment chargés.

Cette ville est par les 14° 31′ de latitude.

II.

SOMMAIRE.

Description de Beit-el Fakih. — Contestation avec les chameliers. Etat du pays nouvellement conquis. — Réflexions sur la cupidité des Bédouins. — Départ de Beit-el-Fakih. — Arrivée à Zébid, la ville de la science. — Le chérif. — Une visite au chef du collége. — Réception. — Conversation. — Réjouissance pour célébrer la prise de Has. — Description de Zébid. — Départ de cette ville. — Aspect du pays. — Arrivée à Dcherdjé. — Mauschid. — Charié. — Rouas. —Iakhtil. — Arrivée à Moka. — Accueil que nous font les Européens. — Description de Moka. — Son commerce. — Les Banians. — Leurs mœurs. — Les Juifs. — Corvette anglaise. — Visite à Emin-Bey, gouverneur de Moka. — Discussions morales. — Préparatifs de départ. — Une histoire orientale. — Nous quittons Moka. — Trajet. — L'île de Dâhlac. — Son commerce. — Arrivée à Massaouah.

CHAPITRE II.

L'ensemble de Beit-el-Fakih, avec les dômes élégants de sa mosquée et ses jardins verdoyants et fleuris, est frais et gracieux; son minaret, pareil à une tour, se laisse apercevoir de très loin sur la route de Hodeïda. La citadelle est ce que la ville offre de plus remarquable. Les maisons sont en briques et n'ont pas de moucharabis comme dans la plupart des pays musulmans ; un grand nombre d'échés sont confondues avec les autres constructions. Le costume des hommes ne présente rien de nouveau, mais celui des femmes est, sous tous les rapports, moins brillant et moins riche que celui que nous avions admiré à Hodeïda. On ne rencontre guère que des vieilles dans les rues ; il paraît qu'elles sont chargées des affaires du dehors, tandis que les jeunes travaillent dans l'intérieur. La ville, bornée à l'est par une haute chaîne de montagnes, est sans remparts; on récolte beaucoup de doura dans les environs.

Avant d'arriver à Beit-el-Fakih, nous avions eu une contestation avec nos chameliers qui, en dépit de nos conventions, voulaient exiger, avant d'arriver à Moka, le paiement de la somme convenue pour le transport de nos effets. Consentir à ce qu'ils demandaient était nous mettre à leur merci, et nous avions refusé de les satisfaire. Mais, lorsque nous nous disposions à quitter la ville, ils ne voulurent pas charger nos bagages, sous prétexte que leurs chameaux fatigués avaient besoin de nourriture, et qu'ils ne pouvaient leur en procurer faute d'argent. Persuadés qu'il nous serait impossible de les décider nous-mêmes à partir, nous nous rendîmes aussitôt chez le commandant de la place pour lui demander justice. Il était déjà tard, et les portes de la forteresse étaient fermées : nous nous adressâmes à un soldat placé en sentinelle, et nous le priâmes de faire savoir à son maître qu'une affaire pressante nous amenait près de lui, et pour que notre demande fût mieux accueillie, nous ajoutâmes que nous étions porteurs d'un firman de Son Altesse Mohammed-Ali. La frayeur qu'inspiraient encore les Bédouins, nouvellement soumis au chef subalterne de Beit-el-Fakih, ne lui permit pas de nous faire ouvrir les portes, et il nous fit conduire sous une fenêtre à laquelle il parut aussitôt. Nous lui exposâmes nos plaintes; mais, voyant que ce Turc, habitué, comme les gens de sa nation, à traîner toujours en longueur, avait l'intention de nous ajourner au lendemain, nous lui répétâmes que nous avions avec nous un firman du pacha et que nous voulions partir sur-le-champ. Il fit alors appeler nos chameliers, et, comme pour se venger sur eux de la résistance que nous opposions à ses volontés, il leur enjoignit, avec toute l'insolence d'un agent inférieur, l'ordre de quitter la ville sans retard, et nous nous retirâmes. Comme il était dans notre intérêt personnel de ménager nos guides, nous crûmes prudent d'entrer avec eux dans une voie de conciliation, et nous leur promîmes de leur remettre à Zébid la moitié du prix convenu, et le reste à Moka. Satisfaits d'un arrangement qu'ils n'auraient osé espérer, ils se mirent à notre disposition, et nous pressâmes notre départ. Les bassesses auxquelles ils se soumirent pour obtenir de nous quelques avances nous donnèrent une bien triste idée du caractère des Bédouins, rampants lorsqu'ils sont faibles, intraitables lorsqu'ils sont forts.

Il était neuf heures du soir quand nous levâmes notre camp : la pureté du ciel d'Arabie et ses étoiles toujours brillantes font que, même en l'absence de la lune, l'obscurité n'est jamais très profonde : nous nous enfonçâmes bientôt dans un bois magnifique que nous parcourûmes, pendant plusieurs heures, par une route unie et facile; le grand nombre de sentiers droits ou tortueux qui viennent tous aboutir à la grande route ferait croire, dans d'autres pays, qu'on a voulu tracer dans ce bois des allées pour les promeneurs. Nous découvrîmes à notre droite, au milieu d'un massif d'arbres, une belle mosquée qui, dans ce lieu solitaire, entourée du prestige que la nuit répand sur tout ce qu'elle touche, fit sur nous une impression profonde. Peu de temps avant d'arriver à Zébid, le terrain devient sablonneux et stérile; on aperçoit la ville qui se déploie à la vue dans toute sa longueur; ses environs ont un aspect très animé.

A huit heures du matin, 17 mars, nous étions au pied des remparts : nous dressâmes notre tente, qui attira une foule de curieux. Dès que le chérif eut appris notre arrivée, il supposa que nous étions au service du pacha, et il envoya aussitôt plusieurs personnes de sa suite qui nous prièrent, au nom de leur maître, de nous rendre à la citadelle où nous devions être mieux logés que sous notre tente. La politique de ce chef de Bédouins qu'on avait conservé dans ce poste lui faisait un devoir de bien traiter les employés de son vainqueur, et ses émissaires ne négligèrent rien pour nous amener avec eux. Nous fîmes abattre notre tente, et nous nous rendîmes à la forteresse avec une nombreuse escorte. Nous excitâmes une vive curiosité en traversant les rues de la ville, et notre cortége grossissait à chaque pas. En arrivant, nous fûmes saluer le chérif qui nous accueillit avec beaucoup de déférence; et comme il n'ignorait pas que nous avions besoin de repos, il ne chercha pas à nous retenir.

On nous conduisit aussitôt dans un appartement qu'on avait fait préparer, et on nous servit à manger. Notre repas se composa de fruits, de miel et de plusieurs plats de viandes effroyablement épicées: il est inutile de dire que nous ne bûmes que de l'eau, nous étions chez des musulmans.

Après nous être reposés quelque temps, nous nous rendîmes chez notre hôte que nous trouvâmes dans sa salle de réception : il était assis sur un grand sarir, et, à droite et à gauche, sur des siéges moins élevés que le sien, étaient placés ses principaux personnages, tous vêtus de blanc comme lui. Un grand nombre de *jambia*[1] d'une grande richesse et d'un goût exquis ornaient l'appartement. Les derniers mots que nous entendîmes en entrant nous apprirent que nous venions d'interrompre une conférence diplomatique. Après les compliments d'usage, nous nous assîmes, et désirant savoir du chérif ce qu'il avait conservé des souvenirs de la vieille gloire de Zébid, la ville de la science, nous lui adressâmes quelques questions.

« Autrefois, » lui dîmes-nous, « votre ville jouissait d'une grande célébrité; tous les savants de l'Arabie venaient se réunir dans son sein, et leurs

[1] Poignard arabe.

travaux contribuèrent beaucoup aux progrès des lumières.

— Zébid n'est pas déchue de sa splendeur passée, » répondit le chérif avec emphase, « et notre ville est encore aujourd'hui ce qu'elle fut jadis. » Étonnés d'une réponse à laquelle nous étions loin de nous attendre, mais que l'orgueil musulman aurait dû nous faire prévoir, nous n'eûmes garde de lui rien objecter, et nous lui demandâmes si ces savants avaient un lieu particulier pour leur réunion.

« Sans doute, » nous dit-il.

« Habitent-ils la ville ?

— Tous.

— Et sont-ils nombreux ?

— Sont-ils nombreux ? » répéta-t-il en se tournant vers son écrivain ; et ils les comptèrent ensemble, ils étaient neuf. Nous reprîmes :

« Y a-t-il parmi eux une hiérarchie ? Ont-ils un chef ?

— Certainement.

— Quel est son nom ?

— Comment se nomme le mouphti ? » demanda encore le chérif en s'adressant de nouveau à son écrivain.

« Séid-Mohammed, » répondit celui-ci.

Il est aisé de voir, par cet entretien, que l'importance qu'on semblait attribuer à ces prétendus savants, dont le nom du chef était à peine connu, n'était pas aussi grande qu'on aurait voulu nous le faire croire. Nous demandâmes encore au chérif s'il ne serait pas possible de voir Séid-Mohammed, et il nous répondit que rien n'était plus facile; que, si nous le désirions, il allait nous donner un homme qui nous y conduirait aussitôt; nous acceptâmes son offre, et un instant après on nous annonçait au mouphti.

Il vint au devant de nous : c'était un vénérable vieillard à barbe blanche, dont la physionomie respirait la bonté. Il nous introduisit dans une salle assez grande toute recouverte de nattes, par dessus lesquelles on avait étendu un petit tapis entouré de coussins : on nous y fit asseoir, et le chef, quelques autres savants et un grand nombre d'élèves, se placèrent autour de nous. La salle dans laquelle nous nous trouvions était leur bibliothèque, qui se composait d'un millier de volumes de divers formats, mais tous assez grands. Nous échangeâmes d'abord quelques paroles sans intérêt ; on nous servit du café, et après l'avoir bu, pour rendre la conversation plus attrayante, nous ne tardâmes pas à amener ces hommes sur leur propre terrain, et nous adressant au mouphti :

« Votre ville, » lui dîmes-nous, « fait bruit en Europe; on sait qu'elle renferme des savants distingués; on nous a dit ici que tu étais leur chef, et nous sommes venus te visiter.

— Gloire à Dieu ! » fut sa seule réponse.

Nous poursuivîmes : « A quelle antiquité remonte Zébid? — Elle fut bâtie 240 ans après Mahomet le prophète par un des fils d'Haroun-al-Raschid[1]. »

Nous allions continuer, lorsque le *muéseïn*[2], du haut de la mosquée, annonça l'heure de la prière : nous voulûmes nous retirer dans la crainte de déranger les fidèles, mais on nous retint. A notre grand étonnement, nous vîmes approcher un domestique du mouphti qui répandit sur nous des essences et apporta une urne où brûlait de l'encens pour nous en faire respirer le parfum; il la plaça sous nos larges manches pour imbiber nos vêtements de l'odorante fumée, et on nous servit encore du café : nous supportâmes avec un sérieux imperturbable cette cérémonie singulière à laquelle nous ne comprenions rien. Nous

[1] Mahmoud, le second de ses enfants, accusé de philosophie à cause de son amour pour les sciences et les lettres, vivait, en effet, à cette époque.

[2] Le muéseïn a pour fonction de chanter la prière du haut du minaret aux heures prescrites par le Coran.

sûmes pourtant que c'était une ancienne coutume qu'on ne renouvelait qu'en faveur des personnes qu'on voulait honorer. Quand tout fut terminé, nous continuâmes à les interroger; mais, quoique nos questions fussent toutes relatives à leur ville ou à leur séminaire, ils ne purent nous répondre qu'avec une extrême difficulté. Nous eûmes lieu de nous apercevoir qu'il ne leur restait plus que des souvenirs de leurs beaux jours, et ils vivaient du passé. Nous aurions voulu savoir lire l'arabe pour feuilleter leurs ouvrages, vieilles mais précieuses reliques que les vers commencent à ronger, et qu'ils ne songent pas à remplacer par des monuments nouveaux. Soumis en aveugles à leurs lois immuables tracées dans le Coran qui résume pour eux l'éternité, ils sont restés immobiles comme elle, et la science s'est expatriée. Nous crûmes qu'il serait bon de chercher à les éclairer sur leur position, et nous leur racontâmes les progrès immenses de notre science et les merveilles de notre industrie; ils nous écoutaient avec avidité; plongés dans une ignorance complète du présent, leur étonnement était à son comble, et quoique jeunes au milieu d'une assemblée de vieillards, nous avions su captiver leur attention, et nous les quittâmes, bien convaincus de leur avoir donné, malgré leurs prétentions et leurs préjugés, une idée de la haute supériorité de l'Europe. Quand nous nous levâmes pour nous retirer, ils s'approchèrent de nous avec empressement, et nous baisèrent les pieds et les mains sans qu'il nous fût possible de nous en défendre; les pères amenaient leurs enfants pour leur faire baiser nos habits, et le mouphti lui-même, debout devant la grande porte de sortie qu'il avait fait ouvrir à deux battants, nous prit la main qu'il allait porter à ses lèvres si nous n'avions été prompts à la retirer. Nous rentrâmes chez nous très satisfaits de notre visite, que nous aurions renouvelée avec plaisir, si nous avions fait un plus long séjour dans cette ville.

Nous étions à peine arrivés à notre demeure, que le bruit des canons de la citadelle et le son des tambours nous attirèrent sur la place où la foule s'empressait : on venait d'annoncer la nouvelle de la prise de *Has*, et pour célébrer cette victoire par des réjouissances, les soldats bédouins se livraient à des jeux guerriers et exécutaient des danses en rond, les sabres et les poignards dégaînés.

Zébid, ancienne capitale du Tehâma, est à la hauteur de 14° 12′ de latitude. Ses remparts et ses maisons sont en briques, et l'on y remarque peu d'échés. On trouve dans toutes les rues des puits construits avec soin et bien blanchis; ils renferment une eau excellente. Les habitants n'offrent rien de neuf; les hommes cependant y sont plus beaux que dans les villes dont nous avons déjà parlé. La citadelle est immense et d'une architecture admirable. Ses minarets sont dans le style de ceux de Beit-el-Fakih. Au nord-est de la ville, on aperçoit une mosquée ruinée par Ali-d'Assir; elle est encore frappante: forteresse et mosquée, ce monument réunit en lui la double pensée de la force et de la religion, comme le chérif, pontife-guerrier qui y préside. La population de Zébid est industrielle; les teinturiers affluent dans cette ville, et l'on y confectionne des armes blanches d'un genre et d'un goût exquis. On cultive l'indigo dans les campagnes environnantes.

Le 18 mars, à trois heures du soir, nous partîmes de Zébid. Le pays qui se déroule, en sortant de la ville, est d'une fertilité merveilleuse. On n'a plus alors pour chemin un désert immense, un étroit sentier serpente entre des champs bien cultivés, et nous traversions à chaque instant des lits de torrents desséchés. Les habitants sous leurs cahutes en forme de pain de sucre, les arbres vigoureux, quoique négligés, et parés de nombreux oiseaux, les montagnes noires aux cimes élevées et ardues qui bornent ce paysage qui va toujours en s'embellissant, le parfum des bananes et des fleurs qu'une brise fraîche et légère apporte au pied de ces montagnes, tout contribue à faire de ces sites fortunés un séjour délicieux. Après deux heures et demie de marche, nous arrivâmes dans un bois qui se prolongea jusqu'au village de Dcherdjé, que nous atteignîmes après onze heures du soir.

Nous y passâmes le reste de la nuit, et dès le point du jour, nous nous levâmes pour aller faire la guerre aux innombrables tourterelles et aux pigeons qui n'avaient d'autres maîtres que les voyageurs armés de fusils. Quoique les chaleurs, qui sont excessives, vous obligent à voyager pendant la nuit, nous aurions voulu quitter Dcherdjé dès le matin; mais, malgré nos instances, nous ne pûmes décider nos chameliers à partir avant deux heures de l'après-midi.

En nous éloignant du village, nous continuâmes à marcher dans le bois de cassiers qui s'éclaircissait insensiblement. Nous découvrîmes, à notre gauche, la petite ville de Has, située au pied de la chaîne de montagnes qui longe le golfe Arabique. Une heure après notre départ de Dcherdjé, le bois avait disparu, et nous nous trouvâmes dans une belle plaine où l'on apercevait encore quelques arbres çà et là disséminés, qui, de distance en distance, venaient se grouper en bosquets charmants tous dans un même genre élégant et compassé : à ignorer l'incurie des habitants de cette contrée, on n'eût pu douter que ce ne fût l'ouvrage des hommes. Cependant, vers le coucher du soleil, nous cheminions sur un terrain entièrement nu; nous découvrîmes, sur le rivage opposé, les hautes montagnes de l'Abyssinie que nous étions impatients d'aborder; nous nous arrêtâmes un instant pour les considérer, et nos regards y restèrent attachés jusqu'au moment où l'obscurité vint nous les dérober. La route avait été toujours belle : il était une heure après minuit quand nous nous arrêtâmes devant *Mauschid*.

Les environs de ce village, qui n'ést qu'à dix minutes de la mer, sont gracieux et riants : il est entouré d'une belle végétation et ombragé par des bosquets de mimosas et de palmiers; mais ce qui frappe surtout à Mauschid, ce sont des groupes d'arbres serrés et compactes, dont les cimes se ramassent, se pressent et paraissent, à l'œil étonné de leur grandiose beauté, de vertes collines aux flancs entr'ouverts. Les habitants de ce village ont une physionomie bien tranchée, et chez les femmes, surtout, il y a beaucoup du type européen.

Le 20, à trois heures du soir, nous quittâmes Mauschid. La route qui conduit à Moka est douce et unie ; elle nous rappelait par sa beauté les grands chemins de France. Les arbres y sont très clair-semés, et nous n'en remarquâmes qu'aux environs des trois villages *Charié*, *Rouas* et *Iakhtil*, que nous trouvâmes sur notre passage. Nous côtoyâmes la mer jusqu'au premier que nous dépassâmes, à huit heures et demie ; nous nous éloignâmes alors du rivage pour ne plus nous en approcher qu'à Moka. Iakhtil est le plus important de ces trois villages ; ses échés sont d'une dimension énorme ; il y a, en outre, une superbe mosquée.

Le lendemain de notre départ de Mauschid, nous arrivâmes à Moka au lever du soleil. Nous dressâmes notre tente à l'entrée du faubourg ; et comme nous devions passer quelques jours dans cette ville, l'un de nous se rendit auprès des Européens qui résidaient dans le port, afin de trouver, par leur intermédiaire, une habitation où nous pussions aller nous établir aussitôt; mais l'un d'eux voulut absolument nous faire partager sa maison, et nous reçûmes chez eux un accueil plus gracieux encore qu'à Ghonfouda.

Moka est une grande ville; ses maisons, quoique toujours entremêlées d'échés, ont un aspect de grandeur et de richesse qui ne se dément pas lorsqu'on pénètre dans l'intérieur. Leur ameublement est moitié turc, moitié européen; les divans, les belles nattes et les tapis se marient artistement avec les chaises longues, les tables et les fauteuils venus de Bombay. Quand nous arrivâmes à Moka, cette ville avait été pillée, depuis peu, par les Bédouins des montagnes d'Assir, et, quoiqu'elle se ressentît encore de ce désastre, la rapidité avec laquelle elle s'était relevée était une preuve incontestable de son grand commerce et de son opulence. Au sud de la ville, on découvre, du haut des terrasses, une immense forêt de palmiers divisée en pépinières séparées par des haies mortes et appartenant aux aristocrates de Moka qui, durant les fortes chaleurs, vont se réfugier dans ces maisons de campagne. On trouve dans cette ville des bibliothèques assez considérables et des hommes qui se croient des savants. Ses principales mosquées sont *Djama-el-Kebira*, *Djama-Chadlan* et *Djama-Sandal*; on en remarque quelques autres de moindre importance, dont l'une est consacrée à *Setti Zennab*. Moka est le seul port de la mer Rouge où l'on trouve des bains. Cette ville a sept portes : *Bab-Sahel* et *Bab-el-Nassar* conduisent à la mer; *Bab-el-Hamoud* voit entrer les caravanes qui arrivent de Zébid; les cafés de l'Yémen sont introduits par *Bab-el-Chaldi*, du côté de l'est; *Bab-el-Sogayer* et *Bab-el-Sandal* sont vers le sud; et vers le sud-ouest se trouve une poterne appelée *Bab-el-dara*, qui demeure ouverte jour et nuit. Il y a beaucoup d'activité dans le chantier de Moka; on y construit des barques sans pont et des chaloupes.

Les femmes sont couvertes d'argent, elles se parent de bracelets et de colliers qui leur serrent étroitement le cou; six à sept pendants se balancent à chacune de leurs oreilles, et plusieurs d'entre elles ont une boucle au nez; les enfants portent, aux bas des jambes, de grands anneaux semblables à des bracelets. Nous eûmes souvent l'occasion de pénétrer dans l'intérieur des maisons et d'y voir des femmes dévoilées; ce qui nous frappa surtout chez elles, ce fut un air de finesse et de dignité qu'on ne remarque pas dans la physionomie des autres femmes de l'Yémen. On rencontre parmi elles beaucoup de Galla, elles y sont pourtant moins nombreuses qu'à Djedda. A Moka, les esclaves se vendent à plus bas prix que dans les autres ports de la côte d'Asie; on en transporte beaucoup de Massaouah et de Zeyla. Il y a dans la ville un grand nombre de familles du pays des Somouli.

Le commerce de Moka est très considérable: les principaux objets d'importation sont les armes à feu, les sabres, les couteaux, des miroirs, des verres taillés et des perles fausses; il arrive tous les ans, dans ce port, cinq cents tapis de Perse par Bassora et Bagdad, trois mille couffes de toumbac des mêmes pays, et quatre mille de toumbac-bouni qu'on apporte de Surate (Sourati). Le prix de la couffe est de 40 à 50 talaris. Les bâtiments venant de l'Inde transportent, à Moka, des étoffes, du sucre et du thé dont on fait peu d'usage. Les marchandises d'exportation consistent en café, aloès, myrrhe, encens, nacre et essences. La ville et les environs sont très animés, et les habitants ont un air d'aisance qui réjouit. Moka est par les 13°, 19′ de latitude.

Les Banians, qui sont exclus de Djedda et des villes voisines du territoire sacré, jouissent, à Moka, d'une confiance entière, et ils sont chargés des affaires de l'administration. Leur importance dans cette ville est assez grande et leurs mœurs assez singulières pour qu'il ne soit pas inutile de les faire connaître en peu de mots.

Les Banians sont des idolâtres de l'Inde, qui croient à la métempsycose : ils n'immolent jamais d'animaux et ne tuent pas même les insectes, ils se nourrissent de laitage et de légumes auxquels ils refusent tout sentiment vital, fort heureusement pour eux; mais, par une contradiction inexplicable, ils vont acheter de la viande au marché, et, en traversant la rue, ils la distribuent aux chiens affamés de la ville qui, par reconnaissance, les accompagnent en foule jusqu'à leurs demeures : rien n'est risible comme de rencontrer un Banian avec ce cortége. Ils prennent un soin extraordinaire du bétail; la plupart ont, chez eux, des vaches de toute beauté.

Les Banians se marient à l'âge de six ou sept ans, de quinze ou seize au plus tard; lorsqu'ils vont en pays étranger, ils n'amènent jamais leurs femmes avec eux. Ces idolâtres, qui sont en général d'une avarice extrême, sont méconnaissables lors de la célébration de leur mariage; ils ne regrettent rien pour donner à cette cérémonie tout l'éclat que peuvent ajouter à une fête le culte et la richesse; ils déploient un luxe inoui et répandent des largesses à profusion. L'union est consacrée par un bramine qui est aussi chargé de donner le nom aux nouveau-nés. Les riches font brûler les cadavres de leurs parents, et les époux indigents, qui n'ont pas, à leur mort, les moyens de se faire élever un bûcher, privent leurs veuves de l'honneur de se brûler avec eux. Il ne serait pas étonnant, dans cette circonstance, de trouver beaucoup de femmes fortunées envieuses du sort des misérables, et de les entendre, une fois au moins, se plaindre avec sincérité des priviléges de la richesse. Les Banians sont d'une propreté rare, ils se rasent la tête et se parfument; ils arrangent leur turban d'une manière très originale et avec un goût infini; leur costume, à Moka, se compose d'un caleçon, d'une chemise très longue et d'un caftan blanc et d'étoffe légère; ils sont presque tous gras et bien portants. Ils ont le moins de rapports possible avec les personnes qui ne sont pas de leur secte; ils sont peu communicatifs, taciturnes; et si, en recevant un étranger chez eux, ils sont obligés de le faire boire ou manger, ils brisent, dès qu'il est sorti, le verre ou le plat dont il s'est servi. Les Banians sont très minutieux, même sordides dans leurs affaires commerciales. Ils sont, au reste, d'une patience exemplaire, ils supportent sans murmurer toutes sortes d'outrages, leur loi leur défend la vengeance; et, soit par faiblesse ou par vertu, ils sont fidèles au précepte.

On trouve à Moka un grand nombre de Juifs relégués dans les faubourgs; ils s'occupent de commerce et d'industrie.

Durant notre séjour dans cette ville, il y avait dans le port une corvette anglaise chargée de protéger le commerce des Indes. L'anarchie qui, depuis Turkchi-Bilmèz, avait bouleversé l'Arabie avait rendu sa présence indispensable.

Émin-Bey, qui avait déjà fait la conquête d'une partie de l'Yémen, et qui attendait la venue d'Ibrahim-Pacha pour se porter avec celui-ci vers Sana, était alors gouverneur de Moka. Il avait connu l'un de nous lors de la première campagne d'Assir, et, lorsque nous nous présentâmes chez lui, il nous reçut avec de sincères démonstrations de joie : il vint lui-même nous visiter; et, comme il était dans l'usage de recevoir, après avoir terminé ses affaires, il nous engagea beaucoup à venir passer nos soirées chez lui. Nous nous y rendîmes assez régulièrement. Dès que nous arrivions, il nous faisait offrir le chibouc ou le riche narghilé de Sana, et on nous servait en même temps le café : on jouait ensuite aux dames ou aux échecs, on prenait du thé avec du lait, et nous prolongions, bien avant dans la nuit, nos causeries, qui roulaient ordinairement sur la différence de nos mœurs.

Émin-Bey, qui, pour un Turc, justifiait ses prétentions à la science, soutenait, en fidèle musulman, que le Coran était le code le plus parfait dont Dieu eût doté l'humanité; que les femmes n'y étaient pas traitées avec autant d'injustice que nous semblions le croire; qu'elles devaient même s'estimer trop heureuses qu'on eût daigné s'occuper d'elles; qu'elles avaient été créées pour le plaisir de l'homme, qui leur faisait beaucoup d'honneur en les associant à son sort : il convenait, cependant, que les Européennes méritaient plus d'égards que les musulmanes, qui étaient, disait-il, sans ame et sans passion.

Quoique divisés de religion, notre harmonie ne fut jamais troublée, parce que la bonne foi régna toujours dans nos discussions. Quand nous quittâmes Moka, nous nous séparâmes très satisfaits les uns des autres, et nous obtînmes d'Émin-Bey une lettre qui devait nous mettre à l'abri des tracasseries que suscitent aux voyageurs les douaniers de Mohammed-Ali.

Nous avions appris que, sous peu de jours, il devait partir une barque pour Massaouah; nos préparatifs de voyage étant terminés, nous fîmes appeler le reïs pour traiter avec lui. La longue habitude que les Arabes ont contractée d'extorquer des sommes énormes à tous les Européens qui sont obligés d'avoir recours à eux fit croire à celui-ci que nous étions de la composition de tous les autres, et que, puisque la Providence lui envoyait des infidèles à exploiter, il devait en profiter sans scrupule. Il eut l'impudence de nous demander trente talaris pour le prix de notre passage de Moka à Massaouah; comme nous nous étions attendus à cette exagération, ses prétentions ne nous étonnèrent que médiocrement, et nous lui offrîmes le sixième de la somme qu'il réclamait. Il se leva en se récriant et feignit de vouloir se retirer; mais, quand il vit que nous ne cherchions pas à le retenir, il revint sur ses pas et accepta ce que nous voulûmes bien lui donner.

L'avant-veille de notre départ, nous fûmes invités à dîner par un riche négociant de la ville, qui avait réuni, ce jour-là, quelques hommes qui se piquaient de science. Le repas fut brillant, mais le pain s'y faisait désirer. Après le café, on raconta quelques unes de ces histoires poétiques que la plupart des Orientaux collectionnent dans leur mémoire. Nous en rapporterons une qu'ils n'ont conservée que de tradition, et qui nous a paru digne d'être reproduite; la voici :

« Le puissant Haroun-al-Raschid, vingt-cinquième calife de l'Arabie, commença le narrateur, n'était pas tellement absorbé par ses projets de conquête, qu'il ne pût donner quelque soin aux entreprises industrielles. Dans ses fréquents voyages de Bagdad à la Mecke, accomplis pour remplir les devoirs qu'impose à tout fidèle notre religion sublime, ce grand commandeur des croyants avait découvert la source jusqu'alors impénétrable et mystérieuse, qui, par des canaux souterrains, conduit à la ville sainte l'eau pure qui l'abreuve. Comme cette source, livrée à elle-même, se perdait en grande partie dans les sables, Haroun résolut de creuser un réservoir, pour ramasser toute l'eau dans un seul point; mais ses guerres continuelles avaient tellement réduit l'état de ses finances, que, faute d'argent, il eût été contraint de renoncer à ce beau projet, si son génie ne l'avait secouru. Outre ses femmes légitimes, il avait avec lui quarante esclaves jeunes et belles, et il résolut d'employer leur influence pour arriver à ses fins; il leur fit part de son dessein, qu'elles n'eurent garde de désapprouver, et l'exécution commença aussitôt. Il loua quarante ouvriers vigoureux auxquels il donnait tous les jours une pièce de monnaie; mais, dès qu'arrivait le soir, d'après les ordres de leur maître, les esclaves, brillantes de parure, venaient sans voile trouver les travailleurs, qui, en dépit du respect dû aux concubines du calife, ne négligeaient rien pour les séduire. Celles-ci, profitant de l'amour qu'elles avaient su inspirer, arrachaient, chaque nuit, aux pauvres ouvriers leur salaire de la journée, et s'empressaient de remettre l'argent à Haroun-al-Raschid tout fier de la réussite de son stratagème. Ce manége dura tant que les bras de ces hommes furent nécessaires; et ces femmes, plus coquettes sans doute que les nôtres, se virent toujours recherchées et ne perdirent jamais de leur influence, si bien qu'Haroun vit son grand puits terminé, sans avoir eu à dépenser un *para* [1].»

Cette histoire fut accueillie de tout l'auditoire par de vives démonstrations de joie; et

[1] Une piastre d'Egypte vaut quarante para.

ceux qui se croyaient les plus sensés d'entre eux s'écrièrent : Et qu'on vienne dire ensuite que les femmes ne sont pas des démons !

Le 31 mars, nous entrâmes dans la barque qui devait nous transporter à Massaouah ; nous passâmes la nuit dans le port, et le lendemain, 1er avril, nous mîmes à la voile au point du jour. Un vent frais nous porta en peu de temps sur la côte d'Afrique, en face du cap *Beiloul* : cette côte, bordée de montagnes qui descendent jusque dans la mer, et qui s'éloignent quelquefois pour faire place à des plaines de peu d'étendue couvertes de bois et de végétation, est fréquentée, sinon habitée par les Bédouins africains. Le vent qui, depuis notre départ de Moka, fraîchissait toujours souffla tout à coup avec une telle violence, qu'il brisa notre gouvernail et fut sur le point de nous faire chavirer : fort heureusement, il ne tarda pas à se calmer ; et, comme il était favorable, il nous poussa rapidement jusqu'à Massaouah, où nous arrivâmes à bon port, quoiqu'il n'eût pas été possible de réparer complètement le dommage causé par l'ouragan.

Parmi les nombreuses îles que nous rencontrâmes dans ce trajet, celles de *Oum-el-aybus*[1],

[1] Mère du vieillard.

de *Oum-el-namous*[1] (justement nommée) entre le cap Sarbo et Dâhlac, nous parurent de frais jardins abandonnés au milieu de ce désert mouvant. Nous passâmes une nuit dans la baie d'Amphila, dont le mouillage est excellent même pour les gros navires, et le lendemain, nous découvrîmes Dâhlac, l'île la plus considérable de la mer Rouge : elle s'étend du nord-ouest au sud-est et est dépendante de Massaouah. On ne récolte presque rien dans cette île, quoiqu'elle soit soumise à des pluies périodiques qui tombent par torrents en décembre, janvier et février; on n'y rencontre que des troupeaux de chèvres qui, après l'époque des pluies, fournissent du lait en abondance. La langue arabe est généralement connue dans cette île.

Le commerce de Dâhlac, qui est aujourd'hui presque nul, était autrefois très considérable. La grande quantité d'écailles et de perles qu'on trouvait aux environs de cette île attirait de nombreux pêcheurs, et des plongeurs expérimentés savaient dérober à la mer ses richesses les plus précieuses : on rencontre bien encore quelques marins qui s'occupent de cette pêche, mais ils n'ont plus la même habileté, et ils n'en retirent presque rien

[1] Mère du moustique.

Après Dâhlac, nous aperçûmes la petite île appelée *Oda*, qui nous parut aussi gracieuse que celle de Oum-el-ayous ; nous découvrîmes plus tard un banc de sable appelé *Moudda*, et après l'avoir dépassé et perdu de vue, nous commençâmes à distinguer Massaouah, où nous abordâmes le 4 avril à l'entrée de la nuit. En touchant cette terre, nous éprouvâmes un vif sentiment de plaisir : nous allions pour quelque temps dire adieu à la mer.

III.

SOMMAIRE.

Nous débarquons sur le quai. — Réception du gouverneur. — Son caractère. — Massaouah dans l'antiquité. — Les Turcs s'emparent de cette île. — Les Portugais y font plusieurs descentes. — Vaines tentatives des Turcs pour conquérir l'Abyssinie. — Insurrection de Turkchi-Bilmez. — Il s'empare de Massaouah. — Les Cophtes. — Description de l'île de Massaouah. — Mœurs des habitants. — Commerce. — Monnaie du pays. — Détail des objets qu'il est avantageux d'emporter en Abyssinie. — Superstition de nos domestiques relative à la nourriture. — Tyrannie du Naïb envers les voyageurs. — Diverses routes qui conduisent en Abyssinie. — Les Chobo, Bédouins africains. — Une esclave galla. — Maladies du pays. — Médecins.

CHAPITRE III.

Quand nous entrâmes dans le port de Massaouah, plusieurs personnes étaient assemblées sur le rivage : leur couleur et leur physionomie nous firent croire d'abord que nous nous trouvions au milieu d'une troupe d'esclaves, et nous fûmes étonnés d'apprendre que ces hommes, qui nous considéraient avec curiosité, étaient les habitants de la ville. Nous descendîmes dans la légère chaloupe de notre bâtiment, et nous mîmes pied à terre sur un quai de très modeste apparence où l'on voyait s'agiter quelques misérables commerçants.

Le divan du gouverneur est bâti en face de la mer, vers le fond de ce petit quai; il domine les grands magasins dans lesquels sont renfermées les diverses denrées venues de l'Arabie ou de la Terre-Ferme. Un écrivain, assis près de la porte sur un sarir recouvert d'un sale tapis, était occupé à prélever des droits de douane; il s'acquittait de ses fonctions avec une nonchalance particulière aux habitants de ces climats, et passait habituellement la plus grande partie du jour à fumer tranquillement son narghilé.

Hassan-Effendi, ancien gouverneur de Massaouah, était alors absent; il avait quitté son île pour aller prendre possession du commandement de Moka, et il avait laissé à sa place Abdoullah-Aga, l'un de ses hommes de confiance, qui devait occuper ce poste jusqu'à ce qu'on eût donné un successeur à Hassan.

Quand nous nous présentâmes au divan, Abdoullah était assis sur un tapis étendu dans l'embrasure d'une étroite moucharabie. Le soleil était sur le point de disparaître, et néanmoins la chaleur était encore accablante : le nouveau gouverneur respirait avec avidité la fraîche brise de la mer ; dès qu'il nous aperçut, il se leva pour nous recevoir, et nous fit asseoir à ses côtés.

La salle dans laquelle nous nous trouvions était de forme oblongue : ses murs blanchis étaient couverts, à hauteur d'homme, d'une couche luisante de beurre, qui attestait que ce lieu était souvent fréquenté par les Bédouins de la côte voisine ; des clous fixés dans la muraille supportaient un grand nombre de fusils turcs et albanais, ornés de viroles d'argent. Des domestiques égyptiens et des esclaves galla se tenaient debout à la porte d'entrée ; et, dans le plus profond silence, ils regardaient leur maître dont ils épiaient les moindres mouvements.

Après avoir bu le café, nous remîmes à Abdoullah les différentes lettres dont nous étions porteurs, ainsi que le firman de Mohammed-Ali qu'il baisa avec respect après avoir reconnu le chiffre de son souverain : il le donna aussitôt à un Cophte qui se trouvait auprès de lui, et s'en fit expliquer le contenu.

Abdoullah était un soldat de fortune, et nous

nous aperçûmes qu'il ne savait pas lire. Chez des peuples où le courage et la force occupent le premier rang, cette ignorance ne place pas les chefs dans un état d'infériorité. Les Orientaux signent les lettres et les divers actes qu'on leur présente avec le cachet de leur bague ; nos anciens nobles se servaient du pommeau de leurs épées.

Ce chef par intérim, élevé, depuis quelques jours seulement, à son nouveau poste, était encore sous l'impression de cette joie qu'éprouvent les hommes sortis des degrés inférieurs pour être transportés tout d'un coup dans une position sociale supérieure. Tantôt il abandonnait la conversation pour faire donner des coups de bâton à l'un ou à l'autre, tantôt il ordonnait de publier que chaque habitant de Massaouah eût à balayer et à arroser sur-le-champ le devant de sa maison, sous peine d'un sévère châtiment ; et à chacun de ses ordres, il jetait sur nous un coup d'œil à la dérobée pour juger de l'effet que produisaient sur notre esprit ces preuves de son autorité. Abdoullah-Aga nous rappela le valet du nouveau seigneur du village.

Dès que l'écrivain eut lu nos diverses lettres qui enjoignaient toutes, au gouverneur de l'île, de nous préserver des extorsions du Naïb d'Arkéko, de ce roitelet qui gouverne cette lisière de pays qui sépare la mer Rouge des montagnes d'Abyssinie, il nous promit, sur sa tête, de nous protéger contre la rapacité de ce chef dont la famille semble avoir incarné en elle toutes les passions brutales qui désolent l'humanité. Abdoullah-Aga était intéressé à nous faire respecter, afin de nous prouver son influence ; nous étions persuadés que, par orgueil, il nous aiderait de toute la puissance de son intervention, et nous nous félicitâmes d'avoir rencontré un homme de cette trempe. Il nous annonça qu'il nous avait destiné une grande maison en maçonnerie appartenant à Hussein-Effendi, écrivain originaire du pays et attaché au divan en qualité d'interprète; il nous en remit aussitôt les clefs, en nous demandant la permission de venir nous visiter quand nous nous serions reposés de nos fatigues. Il ordonna au capitaine du port de faire débarquer tous nos effets sans laisser ouvrir nos malles à la douane; et pleinement satisfaits de l'accueil que nous venions de recevoir, nous nous dirigeâmes vers notre demeure, l'une des plus belles de la ville.

Massaouah était connu par les anciens sous le nom de *Sebastricum Os* : à l'époque où les empereurs d'Abyssinie avaient des domaines en Arabie, cette île, qui faisait partie des possessions de ces grands souverains, servait d'entrepôt aux marchandises venues de l'Inde et à celles qu'on expédiait dans cette contrée. Le commerce consistait principalement en or, en ivoire, en fourrures, en musc et en esclaves. Les plongeurs de la mer Rouge venaient y vendre des perles fines et des écailles de tortue d'un grand prix.

Cette île était alors très florissante ; mais les conquêtes des Turcs dans le golfe Arabique et la découverte du cap de Bonne-Espérance, en donnant un autre cours au commerce, la firent promptement déchoir de son ancienne splendeur. Les troupes commandées par Sinan-Pacha y firent de nombreuses descentes, pillèrent et incendièrent tout ce qui tomba sous leurs mains, et lorsque les habitants, qui vivaient dans une anxiété continuelle, apercevaient les flottes qui portaient ces dangereux ennemis, ils abandonnaient Massaouah et se réfugiaient sur la terre ferme, où ils étaient à l'abri de leurs poursuites.

Lorsque les Portugais tentèrent de débusquer les Turcs des établissements qu'ils avaient formés sur les côtes de la mer Rouge, ils débarquèrent plusieurs fois dans cette île. En 1513, Alphonse Albuquerque passa le détroit de Bab-el-Mandeb dans l'intention de se rendre à Djedda ou à Souez pour avoir des nouvelles d'une flotte que le sultan équipait, disait-on, pour se rendre dans les Indes. Il voulut auparavant bâtir une forteresse à Massaouah ; mais ses vaisseaux furent si maltraités, si secoués, qu'il se vit obligé d'abandonner ces parages sans avoir pu exécuter son projet. En 1825, don Hector Sylveira s'empara de cette île et préleva une contribution sur ses habitants; et, en 1541, don Estevan de Gama, au lieu d'aller droit à Souez comme il en avait reçu l'ordre, s'amusa à piller quelques petits ports du golfe Arabique, et Massaouah fut encore de ce nombre.

Sur ces entrefaites, les Turcs, qui, dans leur exaltation religieuse, avaient opéré des prodiges, témoins des guerres sanglantes qui s'étaient engagées entre les musulmans d'Adal et les chrétiens d'Abyssinie, conçurent l'espérance de s'emparer de ce royaume. Ils placèrent alors un gouverneur à Massaouah ; et, quoique celui-ci saisît avec empressement toutes les occasions favorables à l'exécution de ce dessein, il ne put jamais en venir à bout, et ses conquêtes se bornèrent à une très petite étendue de pays qui s'allongeait sur les côtes : les Turcs, n'attribuant plus à cette position qu'une importance secondaire, ne tardèrent pas à l'abandonner, et en remirent le commandement à un chef des pasteurs du continent; celui-ci, connu sous le titre de Naïb, s'engagea à fournir à la Porte un tribut annuel, et se déclara vassal du grand-seigneur.

Cependant, comme le continent qui avoisine la mer Rouge, ne produit point de céréales, et que les habitants, sous peine de mourir de faim, sont obligés d'avoir recours à l'Abyssinie, le roi de cette contrée et le Naïb conclurent un traité par lequel ce dernier s'engagea à payer au souverain la moitié des droits de douane qu'il percevait sur les commerçants; mais le chef des pasteurs, profitant des désordres politiques qui désolaient cette partie de l'Afrique, et de l'affaiblissement de la puissance turque sur la mer Rouge, parvint à s'affranchir peu à peu de toute espèce de dépendance.

Le gouverneur de Djedda, qui était obligé de fournir les impôts au sultan, envoya un aga qui ne tarda pas à rétablir les affaires sur leur ancien pied. Depuis ce temps, le grand-chérif de la Mecke fut toujours représenté à Massaouah par un de ses officiers, et l'île eut une garnison. La cupidité naturelle aux Turcs leur fit commettre un grand nombre d'injustices; les étrangers qui voulaient pénétrer en Abyssinie étaient soumis à mille tracasseries onéreuses, et leur sûreté était souvent compromise; mais, depuis que Mohammed-Ali a étendu son pouvoir sur l'Hedjaz, il a établi un gouvernement régulier à Massaouah, d'où il a chassé le Naïb, qui se trouve relégué sur le continent; et, quoique les marchands qui fréquentent l'île soient exposés à toutes sortes d'avanies, les Francs qui ont eu soin de se munir de lettres de recommandation y jouissent d'une pleine liberté, et leurs propriétés sont respectées.

Nous ne saurions trop rehausser l'importance d'un firman de Mohammed-Ali aux yeux des voyageurs qui se dirigeraient vers ces régions.

Quelque temps avant notre arrivée dans cette île, Turkchi-Bilmez, qui s'était révolté contre l'autorité du pacha d'Égypte, s'était enfui de l'Hedjaz en apprenant la venue prochaine d'Ahmed-Pacha; il s'embarqua à Djedda, et fit voile vers Massaouah : la garnison, incapable de se défendre dans ses fortifications délabrées, et avec ses pièces d'artillerie sans affût et rongées de vétusté, se vit obligée de se rendre, et l'île tomba au pouvoir de ce hardi aventurier.

Dès que Turkchi-Bilmez en eut pris possession, il y plaça une garnison qui lui était dévouée; et, après avoir frappé une forte imposition sur les habitants, il se retira à Kaméran pour se porter ensuite sur l'Yémen. Plusieurs des soldats auxquels Mohammed-Ali avait confié la garde de Massaouah embrassèrent volontairement le parti de cet homme entreprenant; mais Hassan-Effendi, le gouverneur de l'île, parvint à s'échapper, et se réfugia à Djedda auprès de Soliman - Effendi, son beau-frère.

Les insurgés occupèrent Massaouah jusqu'à l'arrivée des troupes que le pacha d'Égypte envoya du Caire pour les faire rentrer dans le devoir. Turkchi-Bilmez, qui était alors dans le petit port de Hali, sur les frontières de l'Hedjaz, avait résolu de réunir toutes ses forces, et il fit partir pour cette île le navire *Candil* qui devait lui ramener sa garnison. Les habitants, qui s'attendaient à une nouvelle invasion, furent agréablement surpris en voyant les soldats s'embarquer sur ce bâtiment, qui leva l'ancre avec précipitation et cingla à toutes voiles vers Kaméran.

Cependant la joie que le départ de ces ennemis

leur avait causée se changea bientôt en tristesse : ces hommes, exclusivement commerçants et, par conséquent, peu aguerris, tremblaient en pensant qu'ils allaient se trouver à la merci des Bédouins de la côte, dont ils connaissaient la sauvage férocité, et ils regrettaient déjà leurs anciens oppresseurs. Pendant qu'ils étaient en proie à une douloureuse anxiété, ils virent apparaître, du côté du nord-est, une flottille composée de trois voiles, qui s'avançait vers le port de Massaouah.

Leur allégresse fut grande lorsqu'ils distinguèrent le pavillon rouge de Mohammed-Ali, avec son croissant blanc qui entoure une étoile : c'était Hafez-Capitan qui arrivait de Djedda avec un détachement de troupes nouvellement venues d'Égypte. Ses bâtiments étaient bien armés, bien équipés, et portaient une artillerie de 30 canons ; mais il arrivait trop tard : il ne trouva plus les rebelles dans l'île ; et, après avoir débarqué l'ancien gouverneur Hassan-Effendi avec une garnison composée de 70 soldats du *nésam* [1], et de 20 canonniers turcs de l'armée irrégulière, il leva l'ancre sur-le-champ pour se mettre à la poursuite des révoltés.

Quelques jours après, cet amiral, qui n'avait

[1] C'est ainsi qu'on appelle l'armée organisée à l'européenne.

pu rejoindre la flotte ennemie, reparut dans le port de Massaouah. Il écrivit de là au gouverneur de Djedda, pour lui demander un renfort qui lui permît d'attaquer Turkchi-Bilmez avec avantage. Soliman-Effendi lui envoya 7 bâtiments; et, avec les 3 qu'il commandait déjà, Hafez-Capitan se trouva à la tête de 10 navires forts de 100 pièces de canon. Hassan-Effendi avait reçu l'ordre de son beau-frère de fournir de l'argent à Hafez-Capitan; et, comme le Trésor avait été entièrement épuisé par les rebelles, il fallut faire un emprunt forcé, mais la dette fut remboursée plus tard sur les revenus de la douane.

Quand nous débarquâmes à Massaouah, Turkchi-Bilmez avait été obligé d'abandonner Moka et de se réfugier sur un bâtiment de guerre anglais qui avait fait voile pour les Indes; et l'île n'avait plus rien à craindre des rebelles qu'on avait dispersés. Le gouverneur était occupé à acheter du beurre qu'il expédiait sur l'Hedjaz et l'Yémen, pour être distribué aux fellahs égyptiens qui composaient l'armée régulière.

Le voisinage des troupes du vice-roi inquiétait beaucoup les pleuplades du continent africain, qui redoutaient une invasion : leur crainte allait nous être favorable, car le Naïb, préoccupé de cette idée, devait se soumettre aveuglément aux ordres transcrits dans notre firman, pour ne pas donner à Mohammed-Ali des sujets de mécontentement qui auraient pu servir de prétexte à l'exécution des desseins qu'on lui supposait.

Le gouverneur de Massaouah est appelé *dold* par les habitants de l'île : les employés lui donnent le titre de caïmacan, ou lieutenant-colonel, et il reçoit cinq bourses tous les mois (environ 600 fr.). La générosité de Mohammed-Ali, à l'égard de ses employés supérieurs, ne le met pas à l'abri de leur insatiable avidité, et les habitants de Massaouah prétendaient que Hassan-Effendi triplait au moins ses revenus dans la gestion de son gouvernement ; obligé d'agir de concert avec les hommes chargés de la comptabilité, il achetait chèrement leur discrétion, de telle sorte qu'on peut supposer hardiment que les droits de douane, qui, dans les bonnes années, ne dépassent jamais le chiffre de 30,000 talaris, s'élèveraient facilement à 40,000 si l'administration ne détournait rien à son bénéfice.

Les écrivains qui sont employés dans tous les bureaux de Mohammed-Ali sont les descendants de l'ancienne population égyptienne qui avait embrassé le christianisme avant l'invasion des Arabes musulmans, et qui, malgré les persécutions dont ils ont été constamment l'objet, ont persévéré jusqu'à nos jours dans leur religion. Comme les Juifs, les Cophtes ne se sont jamais mariés qu'entre eux, et ils ont conservé une physionomie qui leur est particulière. Leurs vainqueurs, qui les ont toujours méprisés, les considèrent comme des parias; ils sont vils et dissimulés; et si leur intelligence est supérieure à celle de leurs maîtres, ceux-ci l'emportent de beaucoup par leurs formes matérielles. Les *mahlem* [1] sont bons calculateurs, quoiqu'ils n'aient, sur les mathématiques, que de très faibles notions; et, malgré la méfiance dont ils sont continuellement entourés, dans les villes où les gouverneurs ne sont pas, comme à Massaouah, complices de leurs vols, leur habileté les met presque toujours à couvert de l'inquisition soupçonneuse de leurs chefs. On reconnaît facilement ces Cophtes à leur costume : ils sont toujours revêtus d'une longue robe à l'arménienne, et portent un turban noir; ils sont extrêmement sobres dans leur nourriture, mais ils sont passionnés pour les liqueurs fortes, et surtout pour l'eau de vie de dattes anisée.

Le surlendemain de notre arrivée, Abdoullah

[1] Mot arabe qui signifie écrivain, savant.

vint nous voir, et nous sortîmes avec lui pour aller visiter l'île. Les maisons en chaume étaient soutenues au dehors par des piliers qui embarrassaient les rues déjà assez étroites; les boutiques du bazar, construites en pierre, étaient mesquines et mal pourvues, et nous remarquâmes quelques misérables cafés où les soldats turcs venaient chercher une distraction à leur vie sédentaire et monotone.

Massaouah n'est qu'un rocher stérile que le travail des coraux a fait surgir de la mer; la chaleur y est excessive; son atmosphère impure et des miasmes d'une odeur insupportable, qui s'exhalent de la partie de la grève qui reste découverte à la marée basse, en rendent le séjour dangereux : on n'y rencontre pas une seule source d'eau vive, pas un seul arbre qui vous protége de son ombre.

L'île a environ mille mètres dans sa plus grande longueur, et quatre cents dans toute sa largeur; elle est située sur un banc de sable qui l'entoure de tous côtés et qui, s'allongeant vers le sud en forme de triangle, comprend un espace de quinze cents mètres. Massaouah est situé à l'extrémité nord d'une baie dont les deux caps sont éloignés de quatre milles : vers le sud, à une distance de trois milles, se trouve le village d'Arkéko, qui sert de résidence au Naïb; à l'ouest, on aperçoit l'île de Toualhout, plus longue et aussi large que Massaouah. L'île de Cheikh-Seïd, ainsi appelée d'un derviche de ce nom, dont le tombeau vénéré se distingue de loin à la blancheur de sa coupole, est au nord-est d'Arkéko; et au sud de Cheikh-Seïd, qui est la plus petite de ces trois îles, se trouve un petit banc de sable que l'on découvre quelquefois à la marée basse. Cheikh-Seïd, comme Massaouah, est dénué de toute végétation; mais Toualhout est couvert de plantes marines qui s'élèvent à une assez grande hauteur et lui donnent l'aspect d'une oasis.

Sur le continent, le rivage est bas et sablonneux; vers le sud-est, le cap qui forme la baie de Massaouah est très élevé et porte le nom de Gédam. On voit dans le lointain les hautes montagnes d'Abyssinie, dont la couleur bleuâtre contraste d'une manière singulière avec les teintes blafardes de la partie de la terre ferme qui avoisine la mer.

Le port de Massaouah est un des meilleurs de la mer Rouge, et c'est à la sûreté de son mouillage que la ville doit son existence. Il est fermé, d'une part, par un côté de l'île, et de l'autre par le continent qui n'est éloigné que de quatre à cinq cents mètres ; l'extrémité est barrée par un banc de sable où les bâtiments viennent quelquefois échouer : l'entrée, qui se trouve au nord-est, a un quart de mille d'ouverture. Ce port peut contenir une soixantaine de ces petits navires qui sillonnent les côtes de la mer Rouge, et les bâtiments de toute grandeur peuvent y mouiller sans difficulté.

Le chantier se trouve sur la plage de l'île : on y construit de petites chaloupes pour la pêche du corail et des barques nommées *daou*, qui portent de cinquante à soixante tonneaux ; elles n'ont pas de pont et naviguent à la voile latine.

L'habitation du gouverneur, son harem et la demeure du chef des écrivains sont les seules maisons qui aient deux étages ; leurs ouvertures sont, en général, fort mal ménagées, l'air n'y pénètre que difficilement, elles sont humides et leur séjour est malsain. Les naturels du pays habitent de préférence de grandes chaumières qui affectent la forme d'un parallélogramme rectangle; elles sont composées d'un treillage en branches d'arbres et recouvertes en joncs ou en paille; le vent s'introduit dans ces cabanes à travers les interstices, et l'on y jouit quelquefois d'une certaine fraîcheur. Massaouah possède quatre mosquées.

Les habitants de cette île, dont le nombre s'élève à deux mille, sont un mélange de Bédouins venus de l'Hedjaz ou de l'Yémen, de *Choho* [1], sortis du continent africain, de musulmans d'Abyssinie et d'esclaves galla. L'astuce des Arabes, l'insigne mauvaise foi des Choho, les ridicules prétentions des musulmans abyssiniens, la sauvagerie des Galla et l'orgueil turc, combinés ensemble, constituent le caractère de l'homme de Massaouah.

Une coutume particulière aux habitants de cette île heurte de front les préceptes du Coran. D'après la religion du prophète, on ne peut voir sa fiancée qu'après la célébration du mariage : mais ici, l'homme, moins fataliste que dans les autres parties de l'Orient, veut connaître sa future avant de l'épouser, et il ne consent pas à s'en rapporter à un tiers comme en Turquie ou en Arabie. Ces insulaires ne veulent pas s'exposer à une mystification ; cependant, dans un pays où le mariage n'est pas indissoluble, et où chacun peut avoir chez lui quatre femmes légitimes et des esclaves sans nombre, un musulman, lorsqu'il s'est trompé dans son choix, trouve facilement

[1] Les Choho sont des Bédouins de la côte d'Afrique.

à se consoler d'un malheur d'autant plus léger que tout le monde l'ignore.

A Massaouah, les femmes de condition supérieure sont costumées comme celles de Ghonfouda; les autres se contentent d'une serviette ceinte autour de leurs reins. Les commerçants riches revêtent une ample robe de mousseline serrée au dessus des hanches par un châle de diverses couleurs, et à travers l'on distingue la serviette qu'on retrouve partout. Dans les jours de cérémonie, ils se parent d'une tunique et d'un caftan en drap jaune, bleu ou rouge, et ils portent alors un poignard à la ceinture; des sandales et une calotte entourée d'un turban complètent le costume. Les indigents n'ont qu'une chemise ou une toile entortillée autour du corps, et plusieurs sont presque nus.

Comme la plupart des Orientaux, ces insulaires deviennent impuissants de très bonne heure, et comme ils sont passionnés pour les femmes, il n'est rien qu'ils n'entreprennent dans le but de reconquérir leur vigueur perdue. Ils mettent dans leurs aliments une grande quantité d'épices, s'enivrent de boissons échauffantes, et la plupart de ceux qui avaient des relations avec nous ne cessaient de nous demander des aphrodisiaques.

L'île de Massaouah, absolument dénuée de tout, est obligée de se pourvoir au dehors. L'Yémen lui fournit des tapis de Perse, des pièces de toile bleue appelées *maraoudi*, que l'on fabrique à Zébid ou à Beit-el-Fakih, des mousselines, des châles pour ceinture, des sabres, des poignards, du coton, du toumbac, des céréales, du café, du sucre, de la cannelle et du poivre ; on reçoit du Caire, par la voie de Djedda, des draps, des velours, divers objets de soierie et de quincaillerie, des miroirs, des cristaux, des *tarbouch*[1], des souliers en maroquin rouge, de l'étain, du cuivre neuf et vieux et de l'antimoine dont les femmes se servent pour se teindre les paupières : les bois de construction arrivent de Souez. Les Bédouins de la côte voisine les approvisionnent de viande, de poisson et de pastèques, et ils apportent du lait dans des paniers si bien tressés qu'il ne s'en échappe pas une goutte. Ils se réunissent tous les matins en face de la ville, et un bac entretenu par le gouvernement et sujet à péage les amène dans l'île.

La douane de Massaouah portait, il y a quelques années, de 25 à 30,000 talaris ; mais depuis les troubles d'Arabie occasionnés par la révolte de

[1] Coiffure égyptienne.

Turkchi-Bilmez; depuis que le Tigré est livré à la guerre et à l'anarchie, les revenus de l'île ne s'élèvent guère qu'à la moitié de ce chiffre.

La monnaie de Massaouah est incommode et ennuyeuse : on se sert, pour les achats de peu d'importance, de grains de verroterie d'un bleu foncé; pendant notre séjour dans cette île, le talari valait 3,600 de ces perles ; mais cette quantité est variable selon que ces pièces d'argent sont plus ou moins recherchées et les *borchoco*[1] plus ou moins rares :

120	borchoco	valent 1 harf.
30	»	valent 1 diouani.
3	»	valent une kébira.

Il pleut à Massaouah durant l'espace de cinq mois; les citernes creusées en dehors de la ville se remplissent, et, dès que la sécheresse arrive, le gouverneur les fait fermer, et les principaux personnages de l'île ont seuls le droit d'y puiser. Les habitants achètent alors, pour 20 ou 30 borchoco, une outre d'eau venue du continent, mais elle est saumâtre, et a un goût d'amertume auquel il est difficile de s'habituer.

Nous étions souvent visités par un marchand musulman appelé Mohammed, originaire des

[1] Nom que les habitants donnent à ces perles.

côtes barbaresques. Cet homme avait déjà fait un voyage en Abyssinie; il connaissait parfaitement la langue du Tigré et les mœurs de ses habitants; il paraissait vouloir nous être utile, et nous le priâmes de nous procurer un drogman et des domestiques; car tous ceux que nous avions amenés du Caire ou d'Arabie nous avaient abandonnés à Moka, lorsqu'ils apprirent le véritable but de notre voyage, qu'ils avaient ignoré jusque-là.

Au bout de quelques jours, il nous présenta un mahométan d'Abyssinie, âgé d'environ vingt ans. Ce jeune homme se nommait Béchir; il connaissait très bien l'arabe et les divers idiomes de Massaouah, d'Arkéko et des Choho; il parlait, en outre, la langue du Tigré et l'amharique avec beaucoup de facilité : nous lui demandâmes ce qu'il désirait pour ses salaires; il répondit qu'il se contenterait d'un talari par mois, et le marché fut conclu à ce prix. Mohammed nous procura encore un Tigréen nommé Dassou, et son beau-père : il nous désigna ensuite les divers objets dont il est nécessaire de se pourvoir avant d'entrer en Abyssinie, et qui remplacent la monnaie frappée, pour les achats peu considérables.

Ce sont d'abord des bouteilles de Venise, connues en Abyssinie sous le nom de *breulli*. 5 pour 1 talari.

Des toiles bleues que nous avons désignées plus haut sous le nom de maraoudi. 2 »

Des paquets de grosses aiguilles à coudre. 8 »

Des grains de verroterie de toute forme. Comme les Abyssiniennes sont aussi inconstantes pour leurs modes que les femmes d'Europe, il est essentiel de s'informer à Massaouah de la couleur qui est en vogue.

De la soie bleue non ouvrée.

Du poivre noir et du tabac à priser.

Si l'on veut faire des cadeaux aux rois d'Abyssinie, il faut prendre du drap et du velours aux couleurs éclatantes, des sabres très longs, des fusils à un coup à pierre ou à mèche, des glaces, des tapis ou des objets de soierie : on peut aussi leur porter des lunettes d'approche.

Nos domestiques, qui différaient de religion, nous donnèrent, dès les premiers jours, une singulière idée de leur superstition mutuelle : lorsque nous achetions un mouton, et que le musulman l'immolait, le chrétien refusait d'y toucher, et le musulman jeûnait à son tour quand le chrétien était le sacrificateur; mais, lorsqu'ils se nourrissaient de riz ou de légumes, ils mangeaient ensemble dans un même plat.

Les Européens qui nous ont précédés dans ce pays en ont presque fermé les portes à quiconque n'arrive pas chargé d'or : une foule de personnes avec qui nous n'avions jamais eu de relation nous accablaient de demandes importunes; et celles qui nous rendaient quelques services prétendaient à des sommes exorbitantes avec une imperturbable effronterie. Pour les habitants de Massaouah, l'arrivée d'un Européen est une bonne fortune; un chrétien est un homme qu'on peut légalement exploiter; aussi, dès qu'il paraît dans l'île, cette population rapace se jette sur lui comme des vautours sur un cadavre.

Les Européens se sont grossièrement trompés s'ils ont cru, par leurs largesses, s'attirer la bienveillance ou le respect des musulmans : les habitants de ces contrées, incapables d'apprécier une action généreuse, s'imaginent que la douceur naturelle aux gens de notre pays n'est qu'un effet de leur crainte; car, dans ces parages, bonté et poltronnerie sont absolument synonymes. Avec cette idée, leur exigence augmente en raison des complaisances qu'on a pour eux, et ils ne tiennent aucun compte de vos bienfaits.

Les voyageurs qui ont tenté de pénétrer en Abyssinie ont eu à souffrir toutes sortes de tracasseries et se sont exposés à des dangers imminents. Bruce fut cruellement tourmenté et faillit payer chèrement le titre de prince que le gouverneur de l'île de Dâhlac lui avait donné [1]. Il fut obligé de faire un cadeau considérable au Naïb, dont l'avidité était insatiable, et qui avait eu l'impudence de demander au voyageur anglais la somme énorme de 3,000 talaris [2].

Dans son second voyage, M. Salt donna au gouverneur de Massaouah une belle paire de pistolets et un mousqueton avec une baïonnette à ressort [3]: il y joignit une pièce de riche satin, fit un billet de 200 talaris à ordre sur un Banian, paya 7 pour cent pour les marchandises qu'il voulut débarquer; 70 piastres pour le droit de mouillage; et, avant de partir d'Arkéko, il fut obligé de distribuer 500 piastres au Naïb et à sa famille.

Lorsque les Européens entretenaient des relations avec l'Abyssinie, ils étaient exposés aux

[1] Bruce, *Voyage aux sources du Nil*, t. III, pag. 7.
[2] Bruce, t. III, pag. 25.
[3] Salt, *Voyage en Abyssinie*, t. Ier, p. 269.

mêmes vexations ; les hommes les plus misérables n'étaient pas à l'abri de la tyrannie odieuse du roitelet d'Arkéko, et trois malheureux pères mineurs, chassés de Gondar en 1752, ne furent pas épargnés en arrivant à Massaouah [1]. Enfin, dans son dernier voyage, M. Ruppell a été, dit-on, imposé à 300 talaris.

En réfléchissant sur les difficultés que l'on éprouve à Massaouah ou à Arkéko, on se demandera s'il ne serait pas possible d'arriver en Abyssinie par une voie différente : il est, sans doute, d'autres chemins pour pénétrer dans cette contrée, mais tous présentent des inconvénients au moins aussi graves. Deux raisons empêchent les voyageurs de prendre la route du Sennâr, qui serait la plus directe : entre le pays soumis à Raz-Ali et au pacha d'Égypte se trouve un roitelet qui est dans l'usage de retenir prisonniers tous les blancs qui passent sur son territoire; et, si l'on échappe à ce danger, on court le risque de ne pouvoir entrer en Abyssinie, parce que les raz, qui ont une peur effroyable de Mohammed-Ali, prennent les Européens pour des espions de ce

[1] « Ayant gagné Massaouah, le gouverneur nous demanda 30 scudi (talaris) pour nous permettre de partir ; mais, ayant vérifié notre misère, il se contenta de 15. »

Courte relation d'un voyage en Ethiopie. *Voy.* Salt, t. II, p. 316.

prince, et refusent de les recevoir dans leur royaume. Dernièrement un marchand français, nommé Bessière, qui était parvenu jusqu'aux frontières, fut obligé de rebrousser chemin.

La voie de Zeyla, au sud de Bab-el-Mandeb, offre des périls plus grands encore : les peuplades barbares qu'on a à traverser, n'ayant pas de chef à redouter, comme celles d'Arkéko, peuvent s'abandonner, sans contrainte, à leur férocité naturelle, et elles répandent le sang par plaisir, sans motif et sans haine. Du reste, si cette route est fermée aux Européens, ils en sont, en partie, redevables aux Portugais : en 1516, l'ignorant Suarez, irrité du peu de succès de ses entreprises sur la mer Rouge, repassa le détroit de Bab-el-Mandeb, et vint piller et incendier Zeyla. Douze ans plus tard, Antoine de Miranda brûla de nouveau cette ville, et les habitants, qui ont conservé par tradition le souvenir de ces désastres, s'en vengent sur les blancs qui tombent entre leurs mains.

Il existe une autre route que les rois d'Abyssinie pourraient facilement rendre sûre : nous voulons parler de celle qui, de la baie d'Amphila, conduit à Adoua ou à Antalo ; mais elle est aujourd'hui très dangereuse, et les tribus voisines d'Arkéko sont très hospitalières auprès de celles qui habitent cette partie du Dankali. D'ailleurs, le Naïb a soin de les indisposer contre les marchands pour conserver le monopole du commerce. Néanmoins Jérôme de Lobo, M. Péarce, et M. Coffin sont entrés en Abyssinie par cette voie.

Le 13 avril, le Naïb se rendit à Massaouah; on lui avait appris notre arrivée, et il était venu afin de voir par lui-même s'il pouvait fonder sur nous quelques espérances. Il s'informa de l'accueil que nous avions reçu du gouverneur, et nous sûmes qu'il n'avait été nullement satisfait lorsqu'on lui avait annoncé que nous étions porteurs de lettres qui devaient nous mettre à l'abri de sa cupidité. A son instigation, quelques personnes de sa suite nous engagèrent à aller le visiter, en nous disant que ce roitelet pouvait seul nous faire traverser avec sécurité les peuplades de Choho; mais nous refusâmes de nous rendre chez lui, pour lui prouver que nous étions loin de lui accorder l'importance que ses gens lui attribuaient.

Le pacha d'Égypte paie au Naïb 1000 talaris par mois, et moyennant cette somme, ce dernier s'engage à fournir de l'eau aux habitants de Massaouah, et à protéger les caravanes de marchands qui passent par son territoire : à son tour, le Naïb acquitte au gouverneur de l'île une redevance de 1000 talaris par an, et il se reconnaît ainsi tributaire de Mohammed-Ali.

Ce roitelet n'a pour lui que le quinzième de ces 12,000 talaris, et le reste est partagé entre les soldats de la milice d'Arkéko, qui viennent tous les mois au divan de Massaouah pour recevoir leur solde de la main du gouverneur; mais cette troupe ne peut entrer dans l'île qu'après avoir déposé les armes sur la terre ferme, car les Choho sont traîtres et féroces, et ils inspirent de justes craintes aux habitants de Massaouah.

Il n'est pas rare de voir ces Bédouins mettre clandestinement le feu aux demeures que les insulaires construisent sur la terre ferme : lorsque l'incendie a bien éclaté, ils arrivent en foule comme pour porter du secours, et dérobent tout ce qui leur tombe sous les mains. Cette scène se renouvela à deux reprises différentes pendant notre séjour à Massaouah. Malgré ce danger, les habitants de cette ville, qui jouissent d'un certain bien-être, ne passent pas l'été dans l'île : ils en sont chassés par les maladies qui l'affligent dans cette saison; ils se transportent, avec leur harem, à Euncoullou, lieu de plaisance situé sur le continent, à trois quarts de lieue de Massaouah.

Dans une maison voisine de la nôtre, habitait une esclave galla, dont le maître mourut subitement la veille de notre départ : tant que le cadavre conserva un reste de chaleur, elle parut douter de son malheur; mais, dès que le corps glacé ne lui permit plus de se faire illusion, sa douleur éclata en gémissements et en cris lamentables. Quand l'excès de son affliction fut passé, elle chanta en pleurant une de ces élégies touchantes que ses sanglots interrompaient souvent : O mon maître, disait-elle, où es-tu allé? je t'appelle, je pleure; viens : tu m'as quittée, pourquoi? maintenant me voici seule, tu es parti d'ici, ô mon maître, reviens! entends-moi et prends pitié de mes larmes; que t'avons-nous fait? que te manquait-il au milieu de nous? reviens, et nous te donnerons tout ce que tu demanderas. Et ses gémissements redoublés étouffaient sa faible voix : puis elle recommençait encore, et la nuit entière s'écoula ainsi, sans qu'elle eût pris un instant de repos. Jamais une femme, à la mort de son époux, n'exhala d'aussi douloureux soupirs; jamais une mère ne pleura aussi amèrement son fils.

Tant que nous avions voyagé avec des chameaux ou sur des bâtiments, nos bagages nous avaient semblé peu considérables : mais, sur le point de nous enfoncer dans un pays de montagnes, où nous allions être obligés de faire transporter nos effets par des mules, nous nous trouvâmes trop riches, et nous résolûmes de laisser nos malles dans l'île, sous la garde de Hussein-Effendi, secrétaire du Divan ; nous fîmes vendre au marché les objets qui auraient pu se détériorer pendant notre absence, et, le soir du 14 avril, nous nous rendîmes chez le gouverneur pour lui faire nos adieux. Après avoir bu le café, l'écrivain en chef nous remit les lettres qui, d'après Abdoullah, devaient nous mettre à couvert des tracasseries redoutables du Naïb, et nous rentrâmes chez nous pour terminer nos préparatifs de voyage.

Nous allions abandonner Massaouah à l'époque des maladies : presque tous les ans, aux mois d'avril et de mai, il règne dans cette île des fièvres cérébrales épidémiques qui enlèvent souvent, au bout de trois jours, ceux qui en sont atteints. Pour s'en délivrer, les malades se font appliquer de fortes ventouses et répandent de l'eau froide sur leurs corps; quelques uns vont même, au point du jour, se plonger dans la mer. Les caravanes de marchands abyssiniens redoutent avec raison cette terrible maladie : en sortant d'un pays au climat pur et tempéré, ils sont plus exposés que les autres à ces fièvres dangereuses qui leur ont fait concevoir une profonde horreur pour la mer Rouge.

Un mal bien affreux, parce qu'il est incurable dans le pays, est l'éléphantiasis. Bruce ne parle que de celle qui attaque les jambes ; mais l'éléphantiasis du scrotum, quoique plus rare, afflige encore les malheureux habitants de Massaouah, et cette partie du corps acquiert parfois un développement monstrueux.

Une autre affection redoutable est la plaie de l'Yémen : cet ulcère, dont la cause est ignorée, attaque toujours les jambes ; il ronge insensiblement les chairs et parvient jusqu'aux os qui se carient et s'exfolient. Pour traiter cette maladie, les barbiers du pays se servent de caustiques violents qui ne réussissent presque jamais.

Il règne, en outre, à Massaouah plusieurs maladies de la peau, et la petite-vérole y exerce souvent ses ravages. Les habitants de ce pays malsain, en proie à tous ces fléaux qu'ils ne savent ni prévenir ni arrêter, montrent une insouciance et une apathie que leur croyance au fatalisme peut seule expliquer ; et l'on rencontre quelquefois parmi les musulmans des hommes assez fanatiques ou plutôt assez stupides pour se refuser à l'application de certains remèdes dont ils considèrent l'usage comme une contravention aux préceptes de leur immuable Coran.

Les personnes qui s'occupent de médecine à Massaouah sont d'ignorants empiriques venus du Caire ou des principales villes de la côte d'Arabie; elles joignent ordinairement à ce métier celui de barbier; car les habitants de l'île ne sont pas assez nombreux pour soutenir quelqu'un qui ne cumulerait pas ces deux fonctions : le même fait avait lieu en France, il n'y a pas encore bien longtemps. Les Orientaux, aussi négligents qu'avares, ne consultent un médecin qu'à la dernière extrémité : leurs traitements, dans la plupart des maladies, ont quelque chose de barbare; le feu en fait les principaux frais. Un homme a-t-il une faiblesse dans une jambe, est-il attaqué de phthisie, éprouve-t-il des douleurs rhumatismales, on fait rougir aussitôt une plaque de métal d'une grandeur convenable qu'on applique sur la partie affectée, et, dans certains cas, on obtient des résultats assez satisfaisants : ces charlatans font aussi un usage fréquent des ventouses qu'ils emploient sans aucun discernement; ils se servent, à cet effet, d'une corne de bœuf percée; ils obtiennent le vide en aspirant l'air, bouchent l'ouverture avec un peu de cire, et au bout d'un instant ils enlèvent cet appareil, font de grandes incisions avec un rasoir, et le sang jaillit en abondance. Ils montrent, en général, beaucoup d'adresse dans cette opération. Quelques ports de la mer Rouge possèdent des médecins originaires de l'Inde; mais l'île de Massaouah n'a pas assez d'importance pour les attirer, et ses habitants meurent souvent victimes de l'ignorance des barbiers auxquels ils sont obligés de confier le soin de leur santé.

IV.

SOMMAIRE.

Départ de Massaouah. — Arkéko. — Le Naïb. — Les Choho. — Hazortas. — Nous pénétrons dans la vallée de Sambar. — Une dispute. — Beautés de la route. — Fête de Pâque célébrée par les Abyssiniens. — Superstition du mauvais œil. — Nous parcourons des sites délicieux. — Méchanceté de nos gens. — Arrivée à Choumfaïtou.

CHAPITRE IV.

Le 15 avril, nous partîmes de Massaouah, n'emportant avec nous que notre tente, nos armes, quelques joyaux d'Europe, une carte géographique, une montre et l'une des boussoles qui nous avaient servi dans nos précédents voyages. Comme nous avions trois jours de pays désert à traverser, nous fîmes quelques provisions indispensables, nous remplîmes deux outres d'eau, et, poussés par une brise favorable, en moins d'une heure nous arrivâmes à Arkéko.

Ce village est, sous tous les rapports, moins celui de la population, un diminutif de Massaouah ; les maisons sont plus petites et construites avec moins de soin que celles de l'île, et les habitants sont, en général, plus pauvrement costumés ; les enfants portent un anneau à l'oreille droite. L'eau des puits d'Arkéko est mauvaise : autour des chaumières et dans les environs, on remarque quelques palmiers égarés sur ces terres. On dirait que le village, avec ses maisons ramassées et ses montagnes grisâtres qui l'entourent de toute part, est enfermé dans une niche dont la mer serait la porte. On trouve encore à Arkéko un semblant de mosquée et de citadelle. Des flancs de la montagne d'Agambassa, située à l'ouest du village, se précipite le torrent d'*Ouës* qui, durant les pluies, vient porter à la mer l'abondante offrande de ses eaux. L'aspect général du pays avec son ciel brumeux est triste et sévère

La manière dont le Naïb avait traité nos devanciers était peu rassurante pour nous : les recommandations dont nous étions munis ne pouvaient nous ôter nos appréhensious ; car Bruce et Salt, avant d'entreprendre leurs voyages, n'avaient rien négligé pour se mettre à l'abri des exactions du Naïb, et, en dépit de leurs précautions, ils avaient été cruellement tourmentés. Sans oser nous flatter d'être plus heureux que nos prédécesseurs, nous étions déterminés à ne faire au gouverneur d'Arkéko que les concessions indispensables à notre sûreté, et, désirant avoir avec lui le moins de relations possible, nous dressâmes notre tente sur les bords de la mer, et nous refusâmes obstinément la maison qu'il nous fit offrir, à plusieurs reprises, par son propre fils dont la physionomie était loin d'être heureuse.

Notre peu d'empressement à visiter le Naïb nous fut avantageux ; car, en lui refusant l'importance que tous les voyageurs lui avaient accordée, il perdait à ses propres yeux. Nous étions persuadés qu'en feignant de braver son autorité nous le trouverions moins exigeant, et, à sa grande surprise, nous ne sortîmes pas de notre tente le jour de notre arrivée, quoiqu'il nous attendît avec impatience. Nous fîmes moudre par une femme le doura et le blé que nous avions emportés de Massaouah, nous achetâmes pour la route des poules et des œufs que nous payâmes à un prix très modéré, quoique nous fussions Européens, et, le lendemain matin, nous nous décidâmes à nous rendre chez le Naïb, vrai cerbère posté à l'entrée de l'Abyssinie pour en défendre l'abord.

Après avoir confié notre tente et nos effets à la garde de nos domestiques, nous nous dirigeâmes vers sa demeure, suivis de notre drogman. Arrivés à sa porte, on nous annonça aussitôt, et il vint au devant de nous : il nous conduisit dans la salle de réception, espèce de cage à poules entièrement construite en roseaux. Un soldat à l'épaisse chevelure recouverte d'une forte couche de beurre se tenait debout à l'entrée de cette grande cahute; il était armé d'un sabre et d'une lance.

Hetman (c'était le nom du Naïb) était un bel homme dont le port avait une certaine majesté; mais, dès que son visage voulait prendre une expression quelconque, son regard était si faux que, malgré ses efforts, son ame vile s'y révélait tout entière. Introduits dans son appartement, nous nous assîmes près de lui sur un beau sarir, et après les politesses d'usage et quelques questions insignifiantes qu'il nous adressa et auxquelles nous répondîmes brièvement, nous lui demandâmes s'il ne pourrait pas nous procurer pour le lendemain un guide qui voulût nous conduire à *Halaï* et les bêtes de somme qui nous étaient nécessaires pour nous et nos bagages. Quoique Hetman fût informé des précautions que nous avions prises pour échapper à sa cupidité, il n'était pas homme à lâcher ainsi sa proie, et sans préambule ni périphrases, mais en hésitant cependant, il nous demanda un *bacchich* [1] avant de nous répondre. On nous avait assuré à Massaouah que le Naïb se vengerait sans pitié si nous le frustrions de ce qu'il appelait ses droits, et comme nous ne pouvions ignorer que nous avions besoin de sa protection pour traverser les tribus féroces qui errent sur le littoral de la mer Rouge, nous jugeâmes prudent d'entrer avec lui en voie de conciliation, et après lui avoir payé d'avance la valeur des chameaux et des mules qu'il devait nous fournir jusqu'à Halaï, nous voulûmes savoir ce qu'il prétendait exiger de nous pour prix de ses services, et après avoir longtemps hésité avant de nous répondre, il demanda la somme de 100 talaris : nous nous levâmes pour nous retirer, en le menaçant de retourner à Massaouah,

[1] Mot arabe qui signifie étrennes.

pour nous plaindre au gouverneur de ses prétentions exagérées, mais il nous retint tout effrayé, et nous assura qu'il se contenterait de ce que nous voudrions bien lui donner; nous lui proposâmes alors 10 talaris, et il les accepta avec empressement. Il fut convenu que nous partirions dès le lendemain, et nous le quittâmes aussitôt.

Rentrés dans notre tente, nous fûmes frappés d'un spectacle nouveau et original auquel l'Abyssinie nous habitua plus tard; nous aperçûmes dans la mer un grand nombre de jeunes femmes descendues d'Arkéko qui sautaient comme des folles. Nous crûmes d'abord qu'elles étaient venues pour se baigner, mais notre étonnement fut grand quand nous aperçûmes qu'elles étaient occupées à laver leur lessive : au lieu de se servir de battoir comme nos femmes, elles dansaient sur leur linge, en s'excitant mutuellement par leurs chants sauvages et joyeux, et ce qui est considéré chez nous comme un travail fatigant était pour ces femmes une récréation; elles se délassaient, en lavant, de leurs occupations journalières.

D'après la promesse du Naïb, le 17 au matin, nous vîmes arriver les chameaux et les mulets qui nous étaient destinés : nous abattîmes notre tente, et après avoir chargé nos bagages, nous allâmes saluer Hetman; et armés à effrayer nos guides, nous partîmes en nous dirigeant vers le sud.

Les diverses tribus qui s'étendent depuis Massaouah jusqu'au détroit de Bab-el-Mandeb, entre les montagnes de l'Abyssinie et les côtes de la mer Rouge, sont désignées sous le nom générique de Choho, qui n'appartient pas seulement à l'une des cabiles nomades qui occupent le Dankali, comme l'ont prétendu quelques voyageurs qui ont exploré ces contrées : ces Bédouins ont une réputation de férocité qui n'est malheureusement que trop justifiée, et sans la protection puissante du Naïb, un blanc ne s'exposerait pas impunément à travers ces peuplades inhospitalières. L'espace compris entre Arkéko et le mont Tarenta se nomme Samhar et se trouve occupé, à une certaine époque, par la tribu des Hazortas, qui habitent ordinairement les hauteurs et descendent parfois dans la vallée. Du temps de Bruce, cette cabile était continuellement en guerre avec le Naïb, et si ce voyageur n'eût pas été protégé par les puissances de l'intérieur, il aurait vainement cherché à pénétrer en Abyssinie; Hetman vit aujourd'hui en bonne intelligence avec cette tribu, qui n'entretient guère des relations qu'avec Massaouah.

La tribu des Hazortas est une des plus puissantes du Dankali; elle reconnaît des chefs qui savent maintenir entre ces hommes barbares une harmonie difficile à concevoir, lorsqu'on a étudié leur caractère querelleur et avide. Plusieurs se réfugient dans des cavernes que la nature a creusées dans le flanc des montagnes qui dominent la belle vallée du Samhar; d'autres se construisent, avec des branchages, de misérables huttes recouvertes de joncs ou de peaux de bœufs; elles ont toutes une forme conique. Ils dédaignent de labourer leurs champs, et ils achètent du grain aux habitants du Tigré : ils possèdent des troupeaux innombrables; ils se nourrissent principalement de laitage, et ce n'est que dans les grandes occasions qu'ils se décident à immoler une de leurs chèvres. On peut appliquer aux Hazortas ce que nous avons déjà dit des Bédouins d'Arabie : lorsqu'ils sont forts, ils se montrent arrogants et cruels, tandis que leur conduite est vile et rampante lorsqu'ils ont le sentiment de leur infériorité; quelques hommes de cette tribu que nous avions eu occasion de voir à Massaouah, où ils ne sont considérés que comme des esclaves, nous avaient paru d'une nature complaisante et soumise; mais, lorsque nous nous fûmes engagés sur leurs terres, nous ne retrouvâmes plus les mêmes individus, et l'on eût dit qu'ils avaient subi tout à coup une entière transformation; à leurs manières prévenantes et serviles, avait succédé un ton de hauteur et d'impudence qu'ils auraient poussé à l'excès si nous n'avions toujours été prompts à les réprimer dans leurs écarts.

Quoique nous eussions été beaucoup moins contrariés par le Naïb que nous ne l'avions appréhendé d'abord, nous nous éloignâmes d'Arkéko avec joie, et quand nous eûmes perdu de vue la mosquée du village, il nous sembla que nous venions d'achever une corvée, et nous respirâmes plus facilement. A mesure que nous nous enfoncions dans les terres, l'influence d'une atmosphère plus saine et plus pure se faisait agréablement ressentir, et la brise rafraîchie qui descendait des montagnes, tandis que nous nous élevions sans presque nous en apercevoir, avait déjà succédé au vent brûlant des côtes. Après une heure et demie de marche, nous aperçûmes à notre droite deux hameaux aux chaumières arrondies qui semblaient se presser au pied de la chaîne qui s'allongeait parallèlement à la mer; la route était belle et facile : elle s'éloignait insensiblement du rivage pour se rapprocher des montagnes, et deux heures et demie après notre départ d'Arkéko, nous vînmes stationner au milieu d'un torrent desséché appelé *Catra;* son lit assez large était ombragé par des mimosas au feuillage flétri. De nombreuses gazelles paissaient dans les environs, et des perdrix d'une grosseur énorme s'envolèrent à notre approche : des milliers d'oiseaux au plumage diapré, au chant doux et modulé, embellissaient ce site enfermé dans les montagnes.

Vers les trois heures de l'après-midi, nous rechargeâmes nos bagages, et nous poursuivîmes notre route. Après une heure de marche dans une immense vallée, la mer, que nous distinguions encore derrière nous, se déroba à nos regards, et nous nous trouvâmes au milieu de hautes chaînes de montagnes pierreuses couvertes d'arbres vigoureux qui avaient poussé de profondes racines dans les fentes des rochers. L'ensemble du pays était surprenant de désordre, quelquefois de fraîcheur et de vie. Devant nous, se déroulait brusquement la réalité de ces rêves poétiques qui nous souriaient pendant notre enfance, alors que notre pensée vagabonde nous transportait vers ces régions lointaines et sauvages où un blanc est au moins un être curieux. Nous contemplions avec surprise et avidité ces chaînes immenses dont les cimes, s'enfonçant dans les nuages, paraissaient des remparts inébranlables élevés de toute éternité pour servir de séparation entre la terre et un autre monde : de toutes parts, notre horizon était borné, rétréci ; on eût dit, à chaque instant, que nous allions être arrêtés dans notre marche ; et, arrivés au pied des montagnes, leurs flancs inaccessibles s'ouvraient pour nous frayer un passage, et de nouvelles chaînes se présentaient aussitôt devant nous pour renouveler notre illusion. Quelques unes de ces chaînes étaient brisées, et le sol était couvert des débris de montagnes détachées. Au milieu de ce désordre sublime, des hommes noirs, presque nus, passaient auprès de nous, armés de lances et de boucliers : tout ce qui nous environnait était nouveau pour nous, et des milliers d'insectes, d'oiseaux et d'animaux inconnus frappaient nos regards toujours attentifs. Après avoir cheminé tantôt dans des gorges étroites, tantôt dans de belles vallées délicieusement ombragées, nous vînmes camper sur une éminence appelée *Chil-*

loki, et nous y passâmes la moitié de la nuit. Autour de nous, la terre était couverte de bois vert, nous allumâmes de grands feux, tant pour nous préserver de l'humidité que pour tenir éloignées les bêtes féroces qu'on entendait hurler sur les montagnes; et nos timides défenseurs, tremblant pour leur propre sûreté, s'étaient groupés autour de nous avec quelques Abyssiniens qui se rendaient dans leur pays et qui étaient venus grossir notre petite caravane; néanmoins, malgré les craintes de nos guides, nul accident ne vint troubler notre repos.

Nous étions debout longtemps avant l'aurore, et nous cheminions, depuis plusieurs heures, lorsque le soleil parut : vu à la faveur d'une demi-clarté, le paysage qui se déroulait devant nous était enchanteur : nous admirions en silence tout ce qui s'offrait à nos regards, et nous ne pouvions nous lasser de contempler une nature si originale et si puissante; jamais site plus étrange n'avait frappé notre vue : les montagnes se dressaient devant nous plus élevées que celles que nous venions de dépasser, la route était plus ombragée, la terre était couverte de fleurs qui répandaient dans les airs leurs suaves parfums, et après nous être promenés dans cette délicieuse allée, nous arrivâmes dans le vallon de *Hamhamo*, qui nous parut un jardin enchanté. Dans ce site heureux, nous découvrîmes d'abord plusieurs tombeaux et quelques huttes de pasteurs nomades, qui, à cette époque, se trouvaient abandonnées. Les montagnes qui dominent cette admirable vallée sont composées de pierres presque noires et s'élèvent à une hauteur prodigieuse. D'innombrables gazelles, aussi gentilles que légères, bondissaient avec coquetterie dans ce lieu solitaire : autour des grands arbres variés et touffus qui couvraient la vallée de leur ombre, se pressaient la veryeine et mille plantes odoriférantes, et néanmoins, avec tant de volupté et de fraîcheur, ce site privilégié n'avait point d'habitants. Quand nous eûmes atteint l'extrémité du vallon, nous aperçûmes, avec joie, un petit ruisseau formé par une cascade qui l'entretient toute l'année. Depuis notre départ d'Arkéko, nous buvions de l'eau exécrable, celle-ci nous parut doublement bonne. Nous étions entièrement entourés de montagnes escarpées, et sur leurs flancs paissaient de gras troupeaux dont nous cherchâmes en vain les bergers; mais, dès que le soleil commença à baisser, nous vîmes descendre, des cimes ardues de ces chaînes gigantesques, quelques Bédouins qui, réunissant leurs chèvres et leurs brebis éparses, les poussèrent auprès de quelques grottes pratiquées dans le roc des montagnes, et ils se réfugièrent eux-mêmes dans leurs étroites demeures où les attendaient leurs familles que nous n'avions pas d'abord aperçues ; mais ils ne tardèrent pas à reparaître, et ils s'approchèrent de nous : leurs femmes, vigoureusement caractérisées dans leurs formes et dans leurs traits, étaient loin d'être belles; elles avaient pour tout costume une robe en cuir, sans manche et serrée à la ceinture : leurs cheveux étaient ornés de coquillages, et, quoique retirées dans ces gorges profondes, quelques unes étaient parées de boucles d'oreilles et de bracelets en argent. Les hommes étaient drapés avec une toile.

Nous achetâmes à ces Bédouins deux superbes moutons qui nous coûtèrent un talari, après avoir longtemps débattu sur le prix ; car les Orientaux sont toujours lents à terminer une affaire. Comme il était déjà tard quand le marché fut conclu, il fut décidé que le sacrifice des deux victimes n'aurait lieu que le lendemain, qui était le jour de Pâques.

Nos domestiques venaient d'allumer le feu pour préparer le repas du soir, et les Bédouins, qui paraissaient être en parfaite harmonie avec nos guides, s'étaient accroupis autour du foyer. Nous remarquâmes que notre interprète, occupé à faire cuire de la pâte sur la braise, avait doublé les rations : nous en demandâmes la raison, et l'on nous répondit que, d'après un usage établi de tout temps, nous devions admettre à notre table les plus importants de ces Bédouins; car, ajouta-t-on, puisque vous avez bu de leur eau, il est juste qu'ils mangent de votre pain. Dans toute autre circonstance, nous aurions consenti volontiers à partager notre repas avec ces hommes; mais, quand nous avions fait nos provisions à Massaouah, nous n'avions nullement compté sur eux, et, sans nous exposer à souffrir de la faim les jours suivants, nous ne pouvions nous soumettre à cette coutume. Nous exprimâmes à ces Bédouins le regret que nous avions de ne pas être mieux pourvus, et en même temps nous ordonnâmes à notre *boulanger* de ne pas faire plus de pain qu'à l'ordinaire; mais nos guides, loin d'appuyer nos raisons, furent les premiers à se récrier, et prétendirent que nous ne pouvions nous dispenser, sous aucun prétexte, d'un devoir dont personne avant nous n'avait osé s'affranchir. Les Bédouins, se voyant ainsi soutenus, commencèrent à élever la voix et jurèrent que nous ne souperions pas sans eux. Loin de nous déconcerter, nous fîmes approcher nos armes, et nous menaçâmes d'une balle le premier qui tenterait de troubler notre repas. Ils se levèrent alors pour aller s'asseoir à quelques pas de nous, en grommelant, sans doute, quelques grossiers blasphèmes dans leur langage barbare. Ils n'osèrent pas renouveler leurs réclamations, et ils se retirèrent chez eux après avoir longtemps causé avec nos hommes dans leur idiome que nous ne comprenions pas.

Malgré leurs menaces, nous soupâmes donc paisiblement; néanmoins une méfiance, bien naturelle dans une semblable position, nous avait fait prendre la résolution de veiller tour à tour pendant la nuit; mais, vaincus par le sommeil, nous nous endormîmes tous deux, entourés de nos armes, et quand nous ouvrîmes les yeux, il était grand jour. Nous fûmes étonnés d'avoir joui d'une si douce tranquillité, et pensant que ces hommes, qui avaient tenté de nous extorquer quelques livres de farine, avaient renoncé à leurs prétentions, nous appelâmes nos guides pour presser notre départ; mais ils nous annoncèrent qu'ils ne quitteraient pas Hamhamo avant que nous n'eussions payé le tribut que nous devions aux Bédouins : nous persistâmes dans nos refus, et nous fîmes jeûner nos guides que nous étions obligés de nourrir. Ils s'entêtèrent pendant plusieurs heures ; mais, voyant que nous n'étions pas disposés à céder, ils consentirent enfin à charger nos bagages, et nous poursuivîmes notre route, fiers du dénoûement de cette scène qui aurait pu devenir désagréable.

Au sortir de la vallée, nous aperçûmes encore quelques pasteurs enfouis dans une caverne : vu d'un peu loin, le bloc de roche, qui leur servait d'asile, ressemblait à un antique monument ruiné. L'eau des torrents qui, à l'époque des pluies, se précipitent des montagnes, avait pratiqué, au sommet de ce rocher, quelques ouvertures pareilles à des lucarnes, et de tous côtés il paraissait bordé de festons sculptés.

La route était devenue pierreuse, difficile; les arbres étaient moins serrés, les mimosas avaient presque entièrement disparu et avaient été remplacés par les lauriers-cerises, les *étel* et les *nebaç*. L'aspect du pays devenait rude et sévère, mais il était toujours pittoresque, grandiose ; les chaînes de montagnes, encore plus élevées, se croisaient, se pressaient, se multipliaient à l'infini : le passage s'était resserré et le vallon n'était plus qu'une gorge étroite engouffrée entre ces chaînes immenses. Les flancs de ces montagnes étaient couverts d'énormes rats que nous prîmes d'abord pour des lapins (c'était l'animal que Bruce désigne sous le nom d'ashkoko). En longeant l'une de ces masses compactes, plus haute, plus noire, plus escarpée que les autres, nous entendîmes des cris étourdissants; nos regards se dirigèrent aussitôt vers le lieu d'où partait ce bruit; et, après un moment d'attention, nous découvrîmes, presqu'au sommet, des légions de singes que notre approche faisait fuir, et qui couraient, par une pente à pic, avec une adresse et une agilité incroyables.

Nous avancions : la gorge devenait toujours plus noire; ces lieux sombres et retirés avaient quelque chose d'effrayant; d'épais brouillards couvraient les cimes des montagnes que nous contemplions avec un sentiment de surprise mêlé de respect; on eût dit que quelque divinité malfaisante, quelque génie infernal faisait son séjour au milieu de ces nuages et de cette fumée, et que, dans ce moment, s'accomplissait un redoutable mystére. Nous ne pouvions détacher nos regards de ce spectacle étonnant, et nous pouvions encore moins définir ce que cette vue nous inspirait : un orage manquait à cette scène de la nature.

Bientôt nous entendîmes un léger murmure, nous approchions d'un ruisseau que nous découvrîmes deux heures après notre départ de Hamhamo; la route s'était élargie et avait revêtu une physionomie nouvelle; la terre était jonchée de fleurs et de verdure; les arbres, d'abord clair-semés, s'épaississaient et étendaient sur nos têtes leurs branches plus touffues; nous venions d'entrer dans la vallée de *Dobara,* et alors, aux méditations profondes qui nous avaient absorbés jusque-là, vinrent se marier quelques pensées voluptueuses, fraîches comme le ruisseau. Néanmoins les montagnes n'avaient rien perdu de leur rudesse et de leur imposante majesté, et leur sévérité contrastait admirablement avec les ombrages délicieux et l'onde claire du vallon; c'étaient l'enfer et le ciel, l'un et l'autre avec leurs beautés et leur poésie. Après avoir côtoyé quelque temps le ruisseau, nous nous arrêtâmes sur ses bords; nous nous y reposâmes quelques heures, et nous poursuivîmes notre route sans nous éloigner du courant. Les sites qui se déroulaient devant nous étaient encore plus beaux que ceux que nous abandonnions. Entre des montagnes toujours arides, et sur les bords du ruisseau qu'ombrageaient çà et là des bosquets enchanteurs, s'élevaient l'aloès, la plante immortelle et les *cactus* à la fleur jaune; les papillons, étalant avec orgueil leurs couleurs d'or, de pourpre et d'azur, voltigeaient autour de mille fleurs gracieuses et variées. L'aspect des montagnes qui nous emprisonnaient était souvent effrayant : elles étaient formées d'énormes blocs de rochers saillants au sommet, qui nous menaçaient de leur chute; et, plus hautes que ces chaînes si rudes, si disgraciées, on voyait s'élever derrière elles quelques têtes colossales vertes et ombragées, au dessus desquelles planaient de sombres nuages qui leur imprimaient une teinte noirâtre, mais fraîche; elles dominaient ce magnifique spectacle et semblaient sourire aux lieux que nous parcourions. Après une heure de marche, nous prîmes une traverse que nous suivîmes pendant cinq minutes, et, lorsque nous revînmes sur la route, le ruisseau avait disparu. La vallée était plus spacieuse, mais elle avait beaucoup perdu de sa fraîcheur. Nous aperçûmes quelques huttes éparses et abandonnées : çà et là s'élevaient, au pied des montagnes, d'immenses sycomores, dont les grosses racines, échappées de la terre, ressemblaient à d'énormes serpents.

Le trajet avait été très fatigant; nous trouvâmes un nouveau cours d'eau dans la vallée de *Manta Sagla* (les Deux Arbres), ainsi nommée de deux arbres au tronc large et vide et au feuillage verdoyant qu'on remarquait à une distance d'un quart d'heure l'un de l'autre; on aperçoit encore le premier sur la route; le second fut brûlé, il y a dix ans, par des passants qui oublièrent d'éteindre le feu qu'ils avaient allumé à son pied. Nos hommes voulurent nous faire passer la nuit dans ce lieu, et nous établîmes notre camp sous un grand étel, au bord du ruisseau.

Quoique nous n'eussions pas à nous louer de la conduite de nos guides, nous feignîmes d'avoir oublié les sujets de mécontentement qu'ils avaient pu nous donner; et, désirant célébrer la Pâque, que les fidèles d'Abyssinie attendaient avec impatience, nous livrâmes l'un de nos moutons aux musulmans et l'autre aux chrétiens, et nous nous réservâmes une légère portion de chacune des victimes. On procéda sur-le-champ au sacrifice : les musulmans tournèrent la tête de l'animal vers la Mecke, les chrétiens vers Jérusalem; les deux bouchers firent une courte prière, et les moutons furent immolés : on les dépouilla aussitôt; on dressa des bûchers que l'on couvrit de pierres plates, la flamme s'éleva, et, lorsque le bois fut consumé, on plaça la chair des victimes sur ces pierres rougies, qu'on avait soigneusement balayées, et dans un instant la viande fut rôtie : les chrétiens d'un côté, et les musulmans de l'autre, se rassasièrent en manifestant une joie qui prouvait que ni les uns ni les autres n'étaient guère habitués à de semblables festins. Nous mangeâmes les premiers, et l'on nous donna une singulière représentation. La superstition de ce qu'on appelle le *mauvais œil* est universellement répandue en Orient : tout le temps de notre repas, deux Abyssiniens déployèrent devant nous une toile en guise de rideau, afin, disaient-ils, de nous préserver de tout regard satanique; et, malgré nos rires et nos plaisanteries, ils ne voulurent l'enlever que lorsque nous eûmes fini de manger.

Le lendemain, nous nous remîmes en marche au point du jour; l'eau ne tarda pas à disparaître; et, après les lieux que nous avions traversés précédemment, notre route ne nous offrit de remarquables que des traces et de la fiente d'éléphant que nos compagnons de voyage nous firent remarquer; quelques arbres verts, et un plus grand nombre desséché, cadavres gisant dans la vallée devenue plus large, un terrain sec et pierreux, des montagnes arides, tel était le paysage dont l'aspect n'avait rien d'intéressant. Deux heures après notre départ, nous arrivâmes au ruisseau qui arrose le vallon de *Tahtaï-Tobo* (le second Tobo).

Après la route que nous venons de décrire, il nous sembla, en arrivant dans ce lieu, que nous venions tout à coup d'être transportés dans un site d'Eden. Ici, la nature semblait s'être épuisée pour embellir, pour poétiser; tout ce que nous avions admiré depuis que nous nous étions enfoncés dans les montagnes était réuni sur ce point délicieux avec plus de richesse, plus de fraîcheur: de grands arbres aux ramifications immenses formaient une ombre noire comme les voûtes d'un sanctuaire; d'innombrables singes, perchés au faîte de ces arbres, s'élançaient de branche en branche et se poursuivaient, en jouant, avec une dextérité inouie; l'écureuil, si gentil, si fashionable, courait sur les montagnes en redressant sa queue fourrée; des papillons, des oiseaux plus veloutés, plus brillants, une eau plus abondante, plus précipitée ajoutaient encore à la beauté de ce paysage enchanté. Après avoir parcouru la côte rocailleuse et sévère de l'Arabie-Pétrée, et les déserts arides et brûlés qui s'étendent depuis Djedda et la Mecke jusqu'à la tribu de Béni-Cher, lorsqu'on pénètre dans la sauvage vallée de Samhar si richement décorée par la nature, on éprouve, ne fût-ce que par contraste, de délicieuses sensations, et l'on se repose, dans ces régions fortunées, comme dans une oasis longtemps attendue. Tahtaï-Tobo était inhabité; on remarquait partout des buttes désertes et quelques tombeaux; nos guides, qui nous conduisaient à petites journées, pour nous faire épuiser nos vivres et se rendre ainsi maîtres de nous, nous firent stationner dans ce lieu : nous partîmes dans l'après-midi; nous suivîmes le cours de l'eau, et au bout d'une heure nous arrivâmes à *Haïla-Tobo* (le premier Tobo), où nous trouvâmes la source du ruisseau que nous longions : quoique toujours difficile et resserrée entre de sèches montagnes, la route était admirable; on y remarquait, surtout, de grands ormeaux droits et élevés, qui ne semblaient pas destinés à parer ces lieux agrestes. Nous traversâmes la vallée d'*Assauba*, et nous parvînmes, enfin, à *Choumfaïtou*, au pied du mont Taranta. Nous étendîmes notre tapis au pied d'un grand arbre dont le tronc était creux; ses branches étaient peuplées de singes qui nous lancèrent des figués toute la soirée. Ces animaux poussaient d'affreuses clameurs, et d'autres troupes, campées plus loin, formaient, avec eux, un épouvantable concert; nous leur répondîmes par quelques coups de fusil qui produisirent un effet extraordinaire : après avoir gardé quelque temps le silence, comme pour écouter, toutes les bandes firent entendre des gémissements lugubres; et, à leurs cris perçants et joyeux, succéda une longue plainte, qui, fort heureusement, nous empêcha de dormir.

Nous étions couchés depuis plus d'une heure; l'obscurité était profonde, et il commençait à pleuvoir, lorsque nous entendîmes le hurlement sauvage de l'hyène qui fut répété par tous les échos; les singes poussèrent un cri de détresse, et se turent. Nos guides, qui s'étaient éveillés, se pressaient autour de nous, en nous suppliant de nous tenir sur nos gardes et de recharger nos armes pour être prêts à faire feu. Les mules, qu'on avait amenées au pied de l'arbre, dressaient leurs oreilles, et une respiration courte et précipitée enflait leurs naseaux, lorsqu'un nouveau cri, plus rapproché et plus sombre, jeta l'épouvante dans le cœur de notre petite troupe, et l'un des Choho, s'étant brusquement emparé de nos pistolets, tira à tout hasard, à trois reprises successives, et blessa légèrement l'un des chameaux du Naïb. La vue du feu effraya sans doute l'hyène, qui s'éloigna en hurlant, et ne nous inquiéta plus. Néanmoins, nos guides n'osèrent pas se coucher, et les uns ou les autres veillèrent toute la nuit. La frayeur les avait rendus plus complaisants envers nous, mais leur caractère ne tarda pas à se montrer dans son véritable jour.

La blessure du chameau n'était pas grave, car, dès le lendemain, il put se remettre en route pour retourner à Arkéko.

V.

SOMMAIRE.

Une armée de singes. — Nouvelles tracasseries de la part de nos guides. — Ascension du Taranta. — Description de cette montagne. — Arrivée sur le plateau de Halaï. — Température. — Notre réception chez le gouverneur. — Costume des femmes. — Une sérénade. — Cupidité du gouverneur. — Départ de Halaï. — Description du paysage. — Rencontre d'une troupe de guerriers. — Frayeur de notre drogman. — Arrivée à Mârda. — Arrivée à Sêda. — Bel aspect des montagnes. — Hospitalité extraordinaire. — Gueurzobo. — La rivière de Bélessa. — Arrivée à Emni-Harmas. — Les missionnaires protestants. — Visite de M. et madame Gobat. — Un soldat d'Oubi veut nous accompagner malgré nous.

CHAPITRE V.

Comme nos guides nous avaient prévenus la veille que nous serions obligés de passer une demi-journée à Choumfaïtou, tant pour disposer différemment nos bagages que pour attendre les bœufs qui devaient les transporter au sommet du Taranta, nous attendîmes midi sans impatience sur les bords de l'abondant ruisseau qui coule au pied du mont que nous allions escalader. Nous vîmes défiler une armée innombrable de singes de différentes espèces, qui venaient en compagnie se désaltérer dans le courant. Les mères qui portaient les petits sur leur dos semblaient nous regarder avec une sorte d'inquiétude qui se peignait, d'une manière très sensible, dans leurs mouvements et même dans leurs regards. Si nous faisions quelques pas vers ces bruyantes cohortes, les guenons, effrayées, étaient les premières à s'enfuir. Les mâles, parés de crinières plus épaisses et plus ondoyantes que celles des plus beaux lions, étaient d'une taille monstrueuse : ils cheminaient tous en assez bon ordre; mais, à la moindre alerte, ils se dispersaient et faisaient alors un vacarme infernal. Comme ils étaient dérangés par notre présence, ils furent lents à étancher leur soif, et ils nous donnèrent une distraction de plusieurs heures.

Quand nous jugeâmes qu'il était temps de songer au départ, nous priâmes nos guides de charger les bagages ; mais, loin de se rendre à nos désirs, ils feignirent de ne pas nous entendre. Ces hommes qui, depuis le commencement de la route, nous suscitaient, à chaque instant, de nouvelles tracasseries voulurent essayer de nous pousser à bout, et lorsqu'il leur plut de parler, ils répondirent effrontément qu'ils ne consentiraient à se remettre en marche qu'après que nous leur aurions donné un bacchich. Dans un lieu désert, qui nous était inconnu, ils avaient pensé qu'il leur serait facile d'abuser de notre position, et affectant un air d'impassibilité absolue, ils ajoutèrent, avec ironie, que nous étions libres de partir, et que personne ne nous retenait. Les Européens qui nous avaient précédés les avaient mal habitués, et quoique, plus d'une fois déjà, nous eussions prouvé à nos guides que nous n'étions pas de la même trempe que nos devanciers, ils voulurent néanmoins essayer de nous faire dénouer les cordons de notre bourse. Peu disposés à céder à leur tyrannie, nous demandâmes à notre drogman s'il ne connaissait pas la route qui conduisait à Halaï. Mais ce jeune homme, craignant le ressentiment de nos guides qui, déjà, le menaçaient du regard, n'osa pas nous répondre d'une manière bien affirmative; néanmoins ses paroles, quoique équivoques, nous laissèrent comprendre que sa frayeur l'empêchait de s'expliquer clairement, et nous cherchâmes à piquer son amour-propre en le traitant de poltron; comme nous avions déjà su lui inspirer une grande confiance par notre conduite ferme et résolue, il se décida à nous déclarer que plus d'une fois il avait fait le trajet de Choumfaïtou à Halaï, et qu'il était prêt à nous guider. Nos gens, qui ne nous croyaient pas capables d'abandonner nos effets que nous ne pouvions transporter nous-mêmes, ne parurent pas s'inquiéter de notre détermination. Mais, impatients de sortir de leurs griffes, nous prîmes avec nous ce que nous possédions de plus précieux, nous remplîmes une *zemzémia*[1] d'eau, et laissant nos bagages à la garde de nos domestiques, nous commençâmes à gravir la montagne, suivis ou plutôt précédés de notre interprète Béchir.

Deux sentiers conduisent du pied du Taranta à Halaï : l'un moins pénible, mais plus large, a été tracé pour les bêtes de somme; l'autre, plus roide, plus escarpé, mais plus court, n'est guère fréquenté que par les piétons. Nous choisîmes ce dernier qui devait nous amener plus directement à Halaï, où nous voulions parvenir avant la nuit.

Le soleil était brûlant, la montagne était presqu'à pic et nous grimpions difficilement : nous avions fait à peu près un tiers de notre route, lorsque nous vîmes arriver un de nos hommes

[1] Outre d'une forme particulière.

qui nous supplia de revenir sur nos pas ; il prétendait qu'il nous était impossible d'atteindre le sommet avant la nuit, et qu'obligés de coucher dehors, nous serions infailliblement dévorés par les bêtes féroces qui rôdent sur cette montagne. Nous le remerciâmes ironiquement de l'intérêt qu'il nous manifestait, et nous poursuivîmes notre route : désespérant de nous faire rétrograder et craignant de s'attirer la colère du Naïb, il résolut de nous accompagner jusqu'au village, et il nous suivit, après avoir recommandé à ses compagnons, qui nous appelaient du pied de la montagne, de transporter nos effets à Halaï.

Nous cheminions péniblement au milieu d'arbres desséchés et d'un grand nombre d'aloès. A mesure que nous avancions, on eût dit que le sommet de la montagne s'élevait ; la route était toujours à pic, elle était jonchée de pierres et de ronces, et souvent nous ne pouvions monter qu'à l'aide de grands escaliers qui tremblaient sous nos pas ; quoique l'atmosphère se fût sensiblement refroidie, la sueur ruisselait de notre front, et nous osions à peine nous arrêter pour respirer. En approchant de la cime, nous trouvâmes une végétation plus fraîche, les arbres avaient reverdi, et pour la première fois nous apercûmes des oliviers sauvages et de magnifiques coll-quals ; nous avions devant nous un monde de montagnes, la nature avait un aspect imposant. Pliés sous notre fardeau, et en proie à une soif ardente, nous atteignîmes enfin le sommet, après six heures de marche forcée. Arrivés sur le plateau, nous cheminâmes encore longtemps avant d'entrer dans le village justement nommé Halaï (haut); mais, après avoir gravi le Taranta, la route nous parut si facile, qu'au lieu d'ajouter à nos fatigues, elle nous les fit presque oublier. Snr le sommet de la montagne, nous aperçûmes une hyène énorme qui s'éloigna à notre approche.

Le plateau inégal sur lequel est bâti Halaï comprend un assez grand espace : il est couvert d'arbres résineux, et l'on y recueille beaucoup de blé. Il est arrosé par un torrent large et profond : de toutes parts, on n'aperçoit que de grandes chaînes de montagnes dont quelques unes dominent le Taranta. Le village, qui compte environ deux cent cinquante habitants, ne manque pas d'originalité : les maisons sont rangées sur plusieurs files qui s'élèvent en amphithéâtre à l'extrémité du plateau, elles ne prennent de jour que par les portes ; les appartements de l'intérieur sont éclairés par des ouvertures étroites pratiquées dans la toiture, mais dont le but principal est de laisser échapper la fumée. Les commerçants qui passent par Halaï sont obligés de payer un droit de douane qui consiste en une poignée de poivre par charge de mulet; la verroterie et les toiles de coton y servent de monnaie. Le chef du village est chrétien; il compte quatorze hameaux sous sa domination. On trouve à Halaï un grand nombre de troupeaux de gros et de menu bétail; la couleur des habitants est d'un jaune très foncé.

Quand nous arrivâmes à l'entrée du village, le froid se faisait vivement ressentir et nous commencions à frissonner; au sortir d'un climat brûlant, cette température pouvait nous être funeste, et malgré la résolution que nous avions prise de passer la nuit en plain champ, comme nos habits, trempés de sueur, se refroidissaient sur notre corps, nous nous vîmes obligés d'aller demander l'hospitalité. Nous nous laissâmes conduire par notre interprète, qui, sans même nous faire annoncer, nous introduisit dans la demeure du *choum*[1] de Halaï.

Guidié (c'était le nom du gouverneur) était absent quand nous nous présentâmes chez lui:

1 Choum, en langage abyssinien, signifie gouverneur.

après avoir déposé nos fardeaux et nos armes, nous nous assîmes sur des sarirs, au milieu des chèvres et des vaches qui occupaient l'antichambre. Un instant avait suffi pour apprendre notre arrivée à tout le village qui vint nous accabler de ses *salamalec*[1]. Le chef ne tarda pas à paraître; il nous présenta affectueusement sa main, et nous amena dans un appartement enfumé qui lui servait de salle de réception : le bois qui formait le plafond était d'un noir luisant. On s'empressa de porter deux sarirs sur lesquels on étendit deux grandes peaux de bœuf, et comme nous n'avions avec nous ni couverture ni manteau pour nous garantir du froid, Guidié nous fit donner deux belles toiles abyssiniennes.

Nous étions groupés en grand nombre autour d'un bon feu; on fit apporter deux énormes *gombo*[2] pleins de bière, bouchés avec de la bouse de vache, et nous bûmes tous dans de grandes cornes ciselées et tournées; on nous offrit du lait frais, et lorsqu'on servit le souper, et que nous voulûmes nous laver les mains, les filles du gouverneur nous versèrent elles-mêmes de l'eau.

[1] Formule de salut arabe.
[2] Grande cruche d'Abyssinie.

Leur costume, que nous pûmes alors examiner à notre aise, nous frappa singulièrement : elles portaient un tablier court en cuir de bœuf à peu près semblable à celui de nos sapeurs : sur leurs épaules était jetée avec négligence, mais avec grace, une peau de mouton noire, ornée de coquillages blancs : elles étaient parées de bracelets en verroterie blanche, et un collier à plusieurs tours de même couleur entourait leur cou noir. Leur chevelure était douce et leur physionomie agréable : lorsque, pour les remercier de leurs bons offices, nous voulûmes leur sourire, elles reculèrent effrayées et n'osèrent plus se rapprocher.

Le lendemain, Guidié nous fit présent d'un mouton, qui fut immolé aussitôt. Les *artistes* d'Halaï, espérant obtenir une récompense, vinrent nous donner une sérénade, véritable charivari, qui se prolongeait indéfiniment, parce que notre gaîté faisait supposer aux musiciens que leurs accords nous charmaient.

Quelques heures après le lever du soleil, nos effets arrivèrent chargés sur des bœufs. Nous fîmes bientôt dresser notre tente, et nous abandonnâmes la maison du gouverneur, qui ne tarda pas à venir nous importuner chez nous. Nos guides eurent encore l'effronterie de venir nous demander un bacchich ; mais Guidié, qui s'intéressait vivement pour eux, perdit son temps et ses paroles.

Quand nous voulûmes quitter Halaï, nous priâmes le choum de nous procurer des montures. Il avait attendu ce moment avec impatience, et il allait nous donner l'explication de sa générosité dont nous nous étions toujours méfiés : il commença par nous parler longuement de son pouvoir, il compta avec orgueil les nombreux villages qu'il avait sous sa domination, prit emphatiquement le titre de roi, et termina son beau discours, dont nous ne pressentions pas la fin, en nous disant qu'il était prêt à nous faire trouver tout ce qui nous était nécessaire pour notre voyage, mais que nous devions d'abord lui faire un cadeau en argent. Nous fûmes étonnés du caractère de cet homme, en même temps si vil et si présomptueux, qui ne rougissait pas de mendier après avoir fait parade de sa puissance : nous refusâmes de le satisfaire, mais il se retira en nous disant que, puisque nous ne voulions pas le récompenser, il cesserait de s'intéresser pour nous et que nous pouvions nous occuper seuls de nos affaires. En sortant de notre tente, il alla parcourir le village et défendit à tout le monde de nous rien livrer sans ses ordres. Convaincus, dès le lendemain, que nous ne pouvions nous passer du secours de Guidié, nous nous rendîmes chez lui, et après d'assez longs débats il nous arracha 10 talaris, et aussitôt il nous fit trouver trois mules que nous payâmes 150 francs.

Nous passâmes une dernière nuit dans notre tente, décidés à nous remettre en route au lever du soleil. Nous entendîmes, non loin de nous, des hurlements qui nous tinrent longtemps éveillés. Au point du jour, le gouverneur vint nous saluer, et nous pria de nous rendre chez lui pour voir sa femme avant notre départ ; nous le suivîmes sans défiance : arrivés dans sa demeure, il appela sa compagne qui parut aussitôt, apportant un gombo de bière qu'elle déposa à nos pieds ; elle nous salua respectueusement et nous baisa les mains : nous étions à nous regarder, surpris de ces politesses et de ces marques de bienveillance qui nous étaient sensibles, lorsqu'elle nous demanda un bacchich ; encore trop galants pour savoir refuser à une femme, nous lui fîmes cadeau de deux maraoudi qu'elle accepta avec reconnaissance et en hésitant : à sa répugnance, il nous fut aisé de voir qu'elle n'avait agi que d'après l'impulsion de son mari qui nous avait attirés adroitement dans un piége.

Nous retournâmes dans notre tente : nous étions sur le point de nous mettre en route, lorsque le frère de Guidié, qui venait d'apprendre que nous avions donné deux pièces de toile à sa belle-sœur, arriva à son tour pour nous prier, d'un air rusé, de nous rendre aussi chez lui pour saluer sa femme; la leçon était trop fraîche, nous nous moquâmes de sa simplicité, et nous lui promîmes d'aller le voir à notre retour. En voyant le mécompte de cet homme, il nous sembla que nous venions de prendre une revanche.

Le 24, nous quittâmes Halaï vers les trois heures du soir : nous nous éloignâmes sans regret d'un lieu où l'on avait passablement exercé notre patience, et nous nous dirigeâmes vers Adoua, capitale du Tigré [1]. Nous choisîmes la route la plus directe, et nous renonçâmes au projet que nous avions eu d'abord d'aller visiter Dixan [2].

Au sortir du village, notre horizon s'étendit, une gorge s'ouvrit entre deux montagnes, et, en

[1] Dans le cours de cette relation, nous nous occuperons rarement des distances et des directions qui interrompent désagréablement la narration, et qu'on trouvera d'ailleurs marquées sur notre carte.

[2] Cette ville a été longuement décrite par M. Salt.

s'élargissant, dessina un triangle. Le coup d'œil était magnifique; on eût dit que les vapeurs blanchâtres qui s'élevaient de la terre voilaient une mer ou un grand lac que nous allions découvrir devant nous : nous n'apercevions, de toutes parts, que des masses effrayantes d'élévation et d'épaisseur; car l'Abyssinie n'est qu'une immense montagne sillonnée de profondes et étroites vallées qu'arrosent d'impétueux torrents. Nous avions à notre gauche les chaînes compactes d'Agami, et devant nous apparaissaient les montagnes élancées qui précèdent Adoua.

Après une demi-heure de marche, nous aperçûmes, à notre droite, le hameau de *Samdi* couché sur le penchant d'une colline. De nombreux troupeaux paissaient aux alentours. Après avoir dépassé le village de *Deura* qui domine une vaste plaine soigneusement cultivée, que nous parcourûmes par un sentier facile, nous traversâmes plusieurs bois de sabines et de mimosas d'une fraîcheur délicieuse, et nous eûmes à admirer encore des paysages charmants.

Nous rencontrâmes sur notre route un choum de village avec une nombreuse suite; ses soldats, drapés à la romaine, avec de grandes toiles blanches retenues par une peau de mouton noire aux longues laines, étaient armés de lances et de boucliers, et portaient, au côté droit, des sabres recourbés : les uns étaient montés sur des mules, d'autres sur des chevaux, et les chefs avaient le front ceint de bandelettes rouges. Un grand nombre de domestiques les suivaient à pied. L'aspect de cette troupe avait quelque chose d'imposant, et nous nous arrêtâmes un instant pour contempler leur costume aussi sauvage que guerrier.

Il était nuit, et nous cheminions encore accompagnés de notre seul interprète, qui, avec de bonnes qualités, n'était rien moins que brave. Nous avions laissé sur le Taranta notre domestique Dassou dangereusement malade, et son beau-père était resté près de lui. Comme l'incertitude de trouver un asile ne nous causait pas la moindre inquiétude, Béchir, qui craignait d'être obligé de coucher dehors, ne cessait de nous entretenir des dangers que nous allions courir si nous ne cherchions pas à nous réfugier dans quelque village; espérant, sans doute, nous intimider, il nous assurait que le pays était infesté de brigands plus redoutables encore que les bêtes féroces qui le désolaient, et nos plaisanteries, relatives à son courage, ne lui paraissaient nullement de saison; aux alentours, le silence était effrayant; et, quand l'obscurité devint plus profonde, il fut interrompu par le hurlement des hyènes qui glacèrent d'effroi notre pauvre drogman : il poussa vigoureusement sa mule chargée de nos bagages, et vint se serrer près de nous, en nous suppliant de hâter le pas. Nous nous laissâmes conduire, et, peu de temps après, nous dressions notre tente au milieu du village de Mârda.

Les habitants étaient retirés chez eux quand nous nous arrêtâmes; mais, à la nouvelle de notre arrivée, ils sortirent de leurs demeures, et s'empressèrent autour de nous en manifestant une vive curiosité : ils nous offrirent une de leurs maisons que nous refusâmes, au grand regret de notre interprète, qui ne se croyait pas en sûreté sous une tente. Nous acceptâmes cependant un asile pour nos mules, et nous achetâmes du fourrage avec quelques poignées de poivre. Le climat de Mârda est tempéré : nous nous étions gelés sur le Taranta, et, quoique nous fussions arrivés dans ce dernier village sans nous apercevoir que nous descendions, nous ne sentîmes pas le froid, même pendant la nuit : Mârda est arrosé par un ruisseau dont l'eau est délicieuse.

Notre premier soin fut de chercher un domestique : nous fûmes assez heureux pour trouver un jeune homme nommé Maari, qui consentit à nous accompagner jusqu'à Adoua, à condition qu'il serait libre de s'en retourner chez lui quand bon lui semblerait, sans que nous eussions le droit de retenir ses salaires. Les chrétiens d'Abyssinie sont, en général, très attachés à leur pays natal, et, lorsqu'ils se décident à s'expatrier, ce n'est jamais que pour peu de temps.

Il n'était pas encore jour quand nous quittâmes le village : nous prîmes un chemin détourné pour éviter la douane de *Gondaftafé*, car le Naïb et Guidié nous avaient appris à redouter les lieux où l'on est dans l'usage d'imposer les voyageurs, et surtout les blancs. Le sentier que nous suivions était rude et difficile : de toutes parts on n'apercevait encore que des montagnes; celles que nous parcourûmes en sortant de Mârda étaient ombragées par de sombres sabines et de gracieux oliviers, qui furent bientôt remplacés par des mimosas desséchés et par l'élégant coll-qual à la forme de candélabre. Nous traversâmes plusieurs torrents, nous aperçûmes un grand nombre de villages, nous longeâmes un bois planté de grands acacias et de mimosas fleuris, et nous remarquâmes quelques mûriers à l'ombre épaisse, parmi des grenadiers sauvages. Après quatre heures de marche, nous arrivâmes dans un beau site appelé *Mogouscas;* nous trouvâmes une source abondante sous des rochers ombragés par un immense sycomore qui servait de rendez-vous aux plus brillants oiseaux de l'Abyssinie : nous déjeûnâmes au bord de l'eau, et, après nous être reposés quelques heures, nous remontâmes sur nos mules.

La route que nous suivions était affreuse de pierres et d'arbres qui obstruaient le passage. Après de longues montées suivies de pénibles descentes, nous vînmes stationner dans le hameau de *Sêda*, bâti sur le penchant d'une montagne. Trois quarts d'heure avant d'arriver, nous avions laissé à notre droite le grand village d'*Achéra-Damchel.*

Le point de vue qui se déroule du haut de la montagne qui protège le village de Sêda est de toute beauté : on découvre, devant soi, une plaine immense précédée d'une large et fertile vallée, renfermée entre deux chaînes brisées et décharnées, et dans le vaste espace qu'elles laissent entre elles sont dispersés des débris de montagnes, véritables ruines de gigantesques et informes monuments de la nature; le reste de celles qui cachent le village de *Gueurzobo*, situé à l'extrémité de la vallée, ressemble à une basilique du moyen-âge, surmontée de deux tours colossales que le temps ne peut achever de détruire. Ces montagnes, à l'aspect sévère, sont arides et couvertes de pierres, et leur stérilité contraste avec la fécondité de la vallée et la fraîche végétation de la plaine. Nous avions remarqué un grand nombre d'écureuils aux alentours du hameau.

Quand nous arrivâmes à Sêda, le pays venait d'être conquis par Oubi, roi du Sémen. Notre nouveau domestique nous fit passer, à notre insu, pour des hommes de la suite de ce prince, et, le soir, nous fûmes étonnés de voir affluer chez nous des comestibles de toute espèce. Notre interprète, qui craignait peut-être de nous voir désapprouver la conduite de Maari, refusa de nous donner l'explication d'une générosité qui nous inquiétait, car le souvenir des largesses de Guidié était présent à notre mémoire : il éluda toujours nos questions, et ce ne fut qu'après être sortis du village, qu'il voulut bien nous donner le mot de l'énigme qui nous avait d'autant plus intrigués qu'on nous avait laissé partir sans nous rien demander. A Sêda, le poivre a grand cours.

Le lendemain 26, après avoir traversé la belle vallée qui le sépare du village de Gueurzobo, nous mîmes pied à terre sous un ombrage touffu, pour laisser passer la chaleur qui se faisait vivement sentir. Quelques bergers, qui paissaient leurs troupeaux, s'approchèrent de nous, et nous vendirent un chevreau pour une maraoudi et deux cornes de lait pour une poignée de tabac à priser.

Nous nous mîmes en marche vers les trois heures du soir, et après avoir dépassé les débris des montagnes qui abritent Gueurzobo, nous nous engageâmes dans la belle plaine qui se déployait devant nous : elle était presque entièrement inculte.

Après avoir longtemps cheminé par une route admirable de facilité, nous nous arrêtâmes dans un lieu désert, à la tombée de la nuit.

Nos deux domestiques, aussi poltrons l'un que l'autre, nous engageaient à pousser plus avant, en nous menaçant toujours des bêtes féroces qui nous paraissaient moins redoutables que les douaniers de Gueurzobo, que nous nous félicitions d'avoir esquivés : nous cherchâmes vainement à rassurer nos hommes qui, après avoir allumé de grands feux, résolurent de veiller toute la nuit, afin, disaient-ils, de défendre nos mules contre les hyènes qui viendraient infailliblement les attaquer.

Notre position dans ce lieu solitaire avait pour nous un charme indéfinissable : nous apercevions, sur les hauteurs qui dominaient la plaine, la flamme bleuâtre qui s'élevait d'un grand nombre de bûchers et donnait au pays une physionomie intéressante; nous entendîmes, non loin de nous, le miaulement du tigre et les rugissements du lion, et nous aimions à nous regarder seuls au milieu d'une nature si étrange.

Malgré la résolution que nous avions prise de coucher en plein air, la pluie qui vint nous assaillir nous força à dresser notre tente. La nuit s'écoula paisiblement; nous nous levâmes à l'aurore pour continuer notre route. Nous abandonnâmes bientôt la plaine et nous traversâmes des collines couvertes de graviers et embarrassées d'arbres desséchés; nous atteignîmes une immense vallée arrosée par le grand ruisseau de Séréna; nous la parcourûmes rapidement, et de nouvelles collines, pareilles aux premières, se déroulèrent sur notre route et nous amenèrent dans une nouvelle plaine traversée par la rivière de Bélessa, que nous suivîmes pendant quelque temps, dans la direction du sud-sud-est, pour aller nous reposer sous le plus bel arbre que nous ait offert l'Abyssinie.

En arrivant, nous aperçûmes plusieurs jeunes filles qui étaient venues se baigner dans la rivière, elles furent momentanément effrayées en nous voyant paraître; mais elles ne tardèrent pas à se rassurer, et, s'approchant peu à peu, elles nous examinèrent avec attention : nous eûmes alors avec elles une conversation que nous ne rapporterons pas, dans la crainte d'effaroucher nos pudiques lecteurs. Elles nous donnèrent, au début de notre voyage, une singulière idée des mœurs abyssiniennes, dont nous offrirons plus tard la peinture. Nous vîmes, sur les bords de cette rivière, un lézard énorme : il avait plus de quatre pieds de longueur.

Ces jeunes filles nous avaient appris que les missionnaires protestants, qui étaient partis longtemps avant nous de Massaouah, ne nous avaient précédés que de quelques jours sous le grand arbre, et que nous les trouverions encore dans le village d'*Emni-Harmas* (la Pierre de l'Éléphant), qui n'était qu'à deux lieues de Bélessa. Nous nous décidâmes à dévier de notre route pour avoir le plaisir de rencontrer des Européens sur cette terre lointaine, et, cette détermination arrêtée, nous partîmes aussitôt.

Nous nous dirigeâmes vers le sud ; après une demi-heure de marche, nous passâmes devant une église qui ressemblait parfaitement à un moulin à vent un peu écrasé. La tour était construite en pierre, et la coupole était formée par de longues branches entrelacées : elle était entourée de tombeaux. Bientôt après, nous escaladâmes péniblement la haute montagne d'*Amni-Ouïo*, et, arrivés au sommet, nous pûmes contempler, dans leur majestueux ensemble, les divers paysages que nous avions successivement admirés les jours précédents. Notre vue s'étendit bien au delà de Gueurzobo, et nos regards s'arrétaient avec complaisance, tantôt sur les belles plaines que nous venions de traverser et tantôt sur les hautes chaînes environnantes : de nombreux villages couronnaient leurs cimes, et leurs flancs étaient couverts d'une végétation due à une pénible culture.

Les guerres presque continuelles qui désolent les diverses provinces de l'Abyssinie forcent les habitants à se retirer sur les sommets des montagnes où ils peuvent mieux se défendre contre les attaques de leurs ennemis : perchés sur les hauteurs, ils ne cultivent que les terres qui entourent les villages et négligent leurs belles plaines. Les tombeaux sont ordinairement dans les vallées.

Arrivés à Emni-Harmas, nous dressâmes notre tente et nous fûmes bientôt l'objet d'une curiosité générale, quoiqu'il y eût d'autres blancs dans le village. Nous avions remarqué, depuis quelque temps, que, chaque fois que nous ôtions nos tarbouchs, les Abyssiniens manifestaient une surprise dont nous n'avions pas encore cherché à deviner la cause : cet étonnement fut si général parmi les curieux d'Emni-Harmas, au moment où nous découvrîmes nos têtes, que nous ne pûmes nous empêcher d'en demander la raison à notre interprète ; il nous apprit que c'étaient nos cheveux noirs qui fixaient ainsi l'attention de ses compatriotes qui s'étaient imaginé, parce qu'ils n'avaient presque jamais vu que des Allemands ou des Anglais, que tous les blancs devaient être blonds, et ils ne pouvaient se lasser d'admirer la couleur de notre *tête* qu'ils trouvaient bien supérieure à celle des Européens qu'ils avaient vus avant nous. Nous fûmes très étonnés nous-mêmes de voir des noirs, pour qui une peau blanche est si précieuse, donner la préférence aux bruns sur les blonds.

Emni-Harmas est, sous tous les rapports, un

village fort triste; les vivres y sont rares et les habitants peu hospitaliers. Nous avions rencontré sur notre route les domestiques des missionnaires : ils nous avaient appris que l'un de leurs maîtres, M. Isemberg, s'était déjà rendu à Adoua avec sa femme, et que M. et madame Gobat se trouvaient encore à Emni-Harmas. Oubi avait promis de leur envoyer une escorte qui devait les protéger en route ; car le pays, qui n'était pas entièrement conquis, était infesté de soldats vagabonds qui ne se faisaient aucun scrupule de détrousser les voyageurs, et il était difficile de se soustraire à leur brigandage.

Ces domestiques s'étaient empressés d'aller annoncer notre arrivée à leur maître, et nous étions à peine installés, que nous reçûmes, sous notre tente errante, une jeune dame suisse avec M. Gobat, son mari, déjà connu par la publication de son Journal en Abyssinie. Dans un lieu si morne, ces visites nous causèrent une grande joie, et nous oubliâmes alors tous les désagréments dont notre voyage avait été semé. M. Gobat nous donna des renseignements précieux sur les pays que nous allions parcourir; dès le lendemain, nous nous rendîmes chez lui, et le premier objet qui nous frappa en entrant fut le forté-piano de sa femme. Nous eûmes encore une longue conversation sur l'Abyssinie, et, à midi, nous nous retirâmes pour aller faire nos préparatifs de départ.

Nous allions nous mettre en route lorsqu'un soldat d'Oubi, qui voulait nous protéger même malgré nous, prétendit que nous ne quitterions pas le village si nous ne lui permettions de nous accompagner; nous refusâmes durement son patronage : sa persistance rassembla quelques personnes, et M. Gobat, instruit de ce qui se passait, eut la bonté de se rendre dans notre tente, et grâce à son influence, nous nous vîmes délivrés des importunités de l'Abyssinien qui avait voulu, disait-il, avoir l'honneur de présenter des blancs à son maître. Ces légers, mais ennuyeux débats terminés, nous fîmes marcher nos mulets, déterminés à nous éloigner sur-le-champ d'Emni-Harmas; mais un accident aussi malheureux qu'inattendu vint nous retenir malgré nous et irriter encore notre impatience.

VI.

SOMMAIRE.

Une aventure tragique. — Assistance de M. Gobat. — Justice du pays. — Notre drogman est enchaîné. — Nous trouvons un nouvel interprète. — Préparatifs de départ interrompus. — Les habitants du village viennent pour nous attaquer. — Nous sommes défendus par le gouverneur d'Agguéla. — Nous entrons en négociation. — Départ d'Emni-Harmas. — Description de la route. Rencontre d'une troupe de soldats. — Leur repas. — Un douanier. — Nous longeons la chaîne de montagnes qui précède Adoua. — Station dans une gorge. — Erreur de Bruce, relative au Robber-Aèni. — Nous traversons la vallée de Mariam-Chaouïtou. — Arrivée à Adoua. — Détails sur les blancs que nous trouvons dans cette ville.

CHAPITRE VI.

Nous étions encore assis sous notre tente avec M. Gobat et nous allions lui faire nos adieux, lorsque nous entendîmes l'explosion d'une arme à feu qui fut immédiatement suivie de cris plaintifs et de gémissements. Un domestique entra tout effaré et nous annonça qu'un habitant du village était blessé au pied. Nous sortîmes aussitôt.

Nous trouvâmes un homme baigné dans son sang, et le premier individu que nous interrogeâmes nous apprit que le pistolet que Béchir portait toujours à sa ceinture était parti de lui-même pendant que le drogman se débattait contre un villageois, et que la balle, après avoir brisé un bâton, était entrée dans le talon de l'Abyssinien et avait pénétré si avant dans les chairs, qu'il était impossible de l'extraire avec les moyens connus dans le pays.

Nous étions en droit de croire que les parents de la victime ne chercheraient pas à se venger de notre interprète; mais, quoique nous fussions depuis peu dans le Tigré, ses habitants s'étaient assez révélés en plusieurs circonstances pour nous faire craindre qu'ils ne laisseraient pas échapper une aussi belle occasion d'extorquer une somme d'argent à des Européens, et l'évènement ne tarda pas à justifier nos prévisions.

Nous continuâmes cependant à nous occuper de nos préparatifs de départ; mais bientôt nous vîmes entrer plusieurs soldats conduits par un individu à face de geolier qui nous fit mal augurer de cette visite : c'étaient tous les parents du malade qui venaient de se réunir à la hâte pour se faire eux-mêmes justice; car, selon la coutume du pays, lorsque le sang a été versé et que le blessé se trouve dans un état dangereux, le criminel n'appartient ni au roi ni au gouverneur de la province où le meurtre a été commis, les parents de la victime ont seuls le droit de venger sa mort.

« Le malheur qui nous afflige vient de Dieu, » dit celui d'entre eux qui paraissait avoir le plus d'importance. « Il n'y a pas eu de mauvaise intention de la part du coupable, nous le croyons; mais un de nos frères est gravement blessé, il peut succomber, et nous demandons que votre drogman reste en notre pouvoir jusqu'à l'expiration des sept jours fixés par la loi, terme après lequel il sera libre de partir, si notre malheureux parent ne meurt pas. »

Nous priver de notre interprète, c'était nous arrêter nous-mêmes; nous fîmes nos réclamations; mais les plaignants, dont le but était de nous mettre dans l'embarras, ne voulurent jamais consentir à nous abandonner Béchir.

L'homme dont la physionomie nous avait tant déplu prit un des coins de la toile de notre interprète, qu'il noua avec la sienne, et commença à plaider sa cause devant nous et M. Gobat, qui seul le comprenait. Il s'exprima avec une facilité qui nous étonna; après lui, l'accusé présenta ses moyens de défense. Malheureusement, l'avocat qui avait parlé le premier était en même temps accusateur et juge : nous devions donc avoir tort, et en dépit de nos représentations, Béchir fut déclaré prisonnier.

Nous nous trouvions au milieu d'une assemblée nombreuse, sous une tente d'Arabie : les figures noires des Tigréens, leurs traits empreints d'une férocité sauvage, l'animosité des parents, la contenance abattue de notre interprète avec le contraste de nos figures blanches et de nos costumes étranges, dessinaient un admirable tableau. C'étaient l'Europe et l'Afrique, l'homme policé et l'homme à demi sauvage qui se trouvaient alors en présence et se mesuraient du regard.

L'accusateur adressa quelques mots à un jeune homme qui se trouvait à ses côtés et qui s'éloigna aussitôt : il revint un moment après, apportant une chaîne en fer dont l'une des extrémités fut rivée, à grands coups de marteau, au bras de l'accusé, et l'autre à celui d'un jeune parent de la victime, qui devait répondre de tous les mouvements de Béchir dont il partageait l'esclavage. Ces deux hommes, dont l'un était peut-être destiné à verser le sang de l'autre, se trouvaient ainsi rapprochés et vivaient en parfaite intelligence dans cette singulière position.

Quand la nuit arriva, ces deux jeunes gens, enchaînés, allèrent coucher dans le village, et nous nous trouvâmes seuls avec notre domestique tigréen, qui ne pouvait nous comprendre que par signes. Tous les matins, Béchir revenait dans notre tente avec son compagnon : il était cruellement tourmenté et attendait, avec une anxiété bien naturelle, l'expiration de ces sept mortelles journées dont il comptait les heures. Le malade avait été renfermé dans une chambre ténébreuse, et quoiqu'il fût grièvement blessé, il n'avait pas le moindre symptôme de fièvre.

Le 29 avril, les hommes qui devaient escorter M. Gobat arrivèrent à Emni-Harmas : notre vieux domestique revint aussi de Halaï, où il avait vu mourir son beau-fils. Ce bon vieillard, étonné de nous trouver presque seuls, demanda des nouvelles de Béchir, et lorsqu'il apprit qu'il était prisonnier, il poussa la générosité jusqu'à s'offrir lui-même pour être enchaîné à sa place, quoiqu'il n'ignorât pas qu'un semblable dévouement compromettait sa vie.

Le gouverneur de la province d'Agguéla était un des parents du malade, et cette circonstance était loin de nous être favorable : il fut bientôt averti de l'évènement qui nous retenait à Emni-Harmas, et il envoya aussitôt plusieurs de ses soldats chargés de nous amener près de lui. Nous étions chez M. Gobat lorsque ses émissaires arrivèrent et nous transmirent ses ordres ; nous leur répondîmes qu'en notre *qualité* de blancs nous ne reconnaissions l'autorité de personne, et que, si leur maître désirait nous voir, il n'avait qu'à se rendre chez nous. Il paraît que leurs instructions ne leur permirent pas d'insister, car ils se retirèrent, après s'être consultés un moment.

M. Gobat n'était pas encore prêt à partir. Parmi les hommes que le roi du Sémen lui avait envoyés, se trouvait un jeune Tigréen nommé Counfou, qui parlait l'arabe; il offrit de nous servir de drogman et de nous accompagner ; impatients de sortir de ce malheureux village, nous abattîmes nous-mêmes notre tente et nous partîmes.

Nous venions de monter sur nos mules, lorsque deux individus, armés de toutes pièces, s'avancèrent vers nous et voulurent nous retenir ; mais nous les repoussâmes brusquement et nous poursuivîmes notre route. Nous avions fait à peine trois cents pas, lorsqu'en nous détournant nous aperçûmes une nombreuse troupe hérissée de lances et couverte de boucliers, qui se dirigeait de notre côté, et en même temps un homme du gouverneur arriva tout essouflé, pour nous prier d'attendre son maître qui arrivait, disait-il, à notre secours.

Nous nous arrêtâmes et nous découvrîmes bientôt la petite armée de ce chef qui accourait pour nous protéger : au milieu des soldats, nous distinguâmes le missionnaire qui, sans penser au danger auquel il s'exposait, s'empressait de venir nous aider de ses conseils. Les deux troupes qui s'étaient rapprochées se séparèrent à la voix du gouverneur et se placèrent en face l'une de l'autre, disposées à en venir aux mains si les circonstances l'exigeaient.

« Lorsque je vous ai vus agir en hommes déterminés, » nous dit le choum, « j'ai senti que je vous aimais et suis venu pour vous protéger : vous pouvez compter sur moi et mes soldats; si vous avez besoin de défenseurs, je le jure par la vie du prince, mon maître, notre secours ne vous manquera pas. »

On fit approcher les parents du blessé, et le gouverneur leur demanda l'explication de leur conduite envers nous : ils osèrent répondre que, d'après les déclarations de notre drogman lui-même, nous avions, parmi nos bagages, des objets qui lui appartenaient et qui leur revenaient de droit si le malade venait à mourir : cette raison parut suffisante pour nous retenir jusqu'à l'arrivée du coupable qu'on envoya chercher dans un village voisin où on l'avait conduit depuis la veille.

Après une attente assez longue, nous le vîmes arriver, toujours enchaîné avec son compagnon. Le choum l'interrogea aussitôt pour savoir s'il avait réellement des effets parmi les nôtres, et nous eûmes lieu d'être satisfaits de sa réponse : « Mes maîtres, » dit-il, « n'ont rien à faire ici : je suis le seul coupable s'il y en a un, et me voici au milieu de vous chargé de fers : laissez-les libres, qu'ils aillent vers Oubi, j'espère qu'ils ne m'oublieront pas auprès de lui ; je n'ai rien à réclamer d'eux, et tout ce que je possède leur appartient. » Les parents de la victime confondus n'eurent rien à ajouter, et le gouverneur déclara que nous pouvions continuer notre route.

Mais, en voyant leurs projets déjoués, nos ennemis changèrent de batterie : « Peut-être, » nous dirent-ils, « êtes-vous attachés à l'homme que nous vous enlevons; si vous consentez à payer les frais des funérailles de notre frère, il sera libre de vous accompagner : il faut 250 ou 300 talaris pour racheter un meurtrier; notre parent n'est encore que blessé; si vous nous donnez le prix d'une mule (15 talaris) et le pistolet *coupable*, nous nous désisterons de toute poursuite contre votre serviteur. »

Pour une modique somme, nous pouvions sauver Béchir, que nous aimions, de la peine capitale; nous feignîmes néanmoins de vouloir l'abandonner et nous offrîmes 5 talaris qui furent acceptés après de longs débats : nous fîmes cadeau du pistolet au gouverneur qui nous avait témoigné un si vif intérêt, nous donnâmes un talari à un soldat du prince, qui avait constamment invoqué le nom de son maître en notre faveur; et, d'après l'usage établi dans le pays, celui qui devait délivrer le drogman de ses chaînes reçut aussi son bacchich. Par sa prudence et la connaissance parfaite qu'il avait des mœurs et de la langue de cette contrée, M. Gobat nous fut d'un grand secours.

Enfin il nous fut permis de partir; nous avions avec nous le nouveau drogman, le vieux domestique et le Tigréen de Mârda; nous nous éloignâmes rapidement, car il nous semblait toujours qu'on allait encore nous retenir. Les montagnes que nous apercevions autour de nous étaient blanches et arides; mais, en revanche, les villages étaient parés d'arbres touffus et les vallées couvertes d'une riche végétation. La route était peuplée d'énormes pintades, et les coll-quals étalaient autour de nous leurs branches sans feuilles.

Nous avions laissé Béchir entre les mains du geolier chargé de le débarrasser de ses fers, et nous avions pris les devants. Nous ignorions qu'il fallût plusieurs heures pour achever cette opération, et pensant qu'il ne tarderait pas à nous rejoindre, nous cheminions lentement; mais, après avoir longtemps attendu en vain, nous doublâmes le pas : la nuit arrivait, et nos Abyssiniens tremblaient de frayeur, en songeant qu'ils allaient se trouver en chemin à l'heure où les esprits exercent leurs maléfices. Au bout de deux heures, nous arrivâmes dans un village où nous fûmes forcés de stationner. Notre nouveau drogman, qui nous servait de guide, nous déclara qu'il n'était pas en état de trouver la route, et qu'aucune considération, pas même la mort, ne pourraient l'engager à pousser plus avant. Nous fîmes de vains efforts pour vaincre son obstination, et comme l'ignorance nous mettait à sa merci, nous nous arrêtâmes.

Les villageois nous donnèrent une maison située dans une cour : avec quelques grains de poivre, nous achetâmes de la bière et du lait; nous fîmes rôtir pour nous quelques tranches d'une cuisse de bœuf que M. Gobat nous avait donnée avant notre départ, et nos gens moins difficiles mangèrent le reste cru.

Le lendemain 1er mai, nous quittâmes notre hutte au point du jour et nous descendîmes, par un pénible sentier, sur le bord de la rivière d'Ounguéa qui borne, de ce côté, la province d'Agguéla. La plaine, arrosée par cette rivière, est soigneusement cultivée; nous l'abandonnâmes au bout d'une demi-heure pour nous enfoncer dans les montagnes. La route, parallèlement tracée à un torrent, était rude, couverte de pierres et très fatigante. Après une longue marche, nous nous reposâmes auprès d'un ruisseau nommé Kébita, d'où l'on apercevait, sur une hauteur, le village de Zeban-Guila, qui faisait autrefois partie des domaines de Bahar-Negous [1]. Zeban-Guila est

[1] Roi de la mer. Les Abyssiniens désignaient, par ce titre, le prince dont les possessions s'étendaient jusqu'à la mer Rouge.

aussi le nom du district qui commence à Ounguéa et finit à Kébita.

Nous venions de nous arrêter lorsqu'on nous annonça une bande de soldats qui s'avançaient du côté du sud; leur marche désordonnée et leur aspect sauvage leur donnaient l'air de véritables brigands. Nous nous serions passés volontiers de leur visite; mais il n'était pas possible de les éviter. Heureusement pour nous, cette troupe appartenait à Déjaj-Oubi, et personne ne songea à nous inquiéter. Ils s'arrêtèrent à quelques pas de nous pour égorger un bœuf qu'ils venaient, sans doute, de dérober à quelque paysan, et dans un moment il fut dépouillé, dépecé et mangé : on chercha, parmi les excréments, les brins d'herbe qui n'étaient pas bien digérés, on en couvrit les plus belles tranches du bœuf; on exprima le fiel sur cette viande qu'on assaisonna d'une forte dose de sel et de poivre, et on la présenta au chef de la bande, car les inférieurs n'étaient pas jugés dignes de savourer un tel mets [1].

[1] Dom Francisque Alvarez, dans son ouvrage intitulé : *Histoire de l'Ethiopie*, pag. 184 et 229-230, parle d'un repas à peu près semblable.. : « On nous apportait à manger aux heures extraordinaires, selon la coutume du pays, qui était la nuit ; car on n'y mange, sinon une fois le jour. Leur viande est de chair crue avec une sauce faite de fiel de vache, ce que nous ne pouvions regarder, tant s'en fallait qu'il nous prît envie d'en goûter...; puis les services furent

Nous quittâmes le ruisseau et nous escaladâmes une haute montagne, du sommet de laquelle nous découvrîmes un grand nombre de villages, et les sites montagneux d'Agami et de Haramat, qui étaient alors le théâtre de la guerre. Le pays était moins boisé que derrière nous.

Chemin faisant, nous aperçûmes, dans un détour du sentier, un paysan qui se précipita sur un de nos hommes : nous pensâmes qu'il avait été peut-être insulté, et, ne voulant pas nous mêler de cette querelle, nous laissâmes les deux antagonistes vider leur différend, d'autant plus volontiers que celui qu'on avait arrêté était notre nouvel interprète dont nous étions fort mécontents.

Mais, étant parvenu à se dégager des griffes de son adversaire, après s'être longtemps débattu, Counfou courut précipitamment vers nous pour se mettre sous notre protection : le paysan ne se fit pas attendre, il arriva tout essouflé en criant et menaçant toujours, et notre étonnement fut

posés, lesquels services j'aurais quasi honte de ramentevoir, bien que ce soient choses fort ordinaires et accoutumées au pays. On servit donc de trois manières de sauces ou brouets, lesquels étaient faits de la chair crue et sang mêlé parmi, ce qui est estimé entre eux une viande fort délicate, dont il ne se trouve autre que les grands seigneurs qui en usent. »

grand lorsque nous aperçûmes que c'était à nous qu'il en voulait. « Nous ne devions pas, » disait-il, « passer dans son pays sans payer un droit de douane; » nous le chassâmes en nous moquant de lui, et, trop faible pour oser persister, il s'éloigna à toutes jambes et disparut dans un village voisin.

Nous ne pensions plus à lui lorsque nous le vîmes reparaître à la tête d'une bande de pillards qui espéraient, sans doute, nous intimider par leur nombre. Ils étaient armés de lances et de boucliers comme s'ils allaient en campagne, et ils nous donnèrent une seconde représentation des scènes d'Emni-Harmas; nous avions nos fusils chargés et nous nous disposâmes à les bien recevoir. Ils craignirent de s'adresser directement à nous et ils se précipitèrent sur nos domestiques pour leur enlever les effets dont ils étaient chargés; nous arrivâmes à leur défense, et, après les avoir délivrés, nous les fîmes marcher devant nous, en regardant en face nos féroces ennemis qui faisaient mine de vouloir nous attaquer. Pendant qu'ils hésitaient, nous aperçûmes dans un champ une troupe de ces gros oiseaux noirs qu'on trouve communément dans le Tigré; l'un de nous prit un long fusil de chasse chargé avec du plomb et tira sur un de ces animaux, qui demeura sur place. Nos ennemis, croyant que nous l'avions tué avec une balle, se retirèrent épouvantés, et nous fûmes ainsi débarrassés de leurs dangereuses importunités.

Nous cheminâmes alors paisiblement : nous descendîmes dans une immense et magnifique vallée parée de champs cultivés, de verdoyantes prairies et des plus beaux coll-quals que nous eussions admirés depuis le Taranta. Elle était traversée, dans toute sa longueur, par un ruisseau qui l'inonde au temps des pluies. Nous avions à notre droite la chaîne toute fracassée de ces montagnes noirâtres qu'on nous avait désignées à Halaï comme voisines d'Adoua. Nous parcourûmes lentement cette riche vallée; quelque temps avant d'entrer dans la gorge où elle va se perdre en se resserrant insensiblement, nous découvrîmes une grande église située au pied des montagnes élancées qui dominaient le vallon.

Il était nuit, et nous venions de nous enfoncer dans la gorge d'où s'élance impétueux le torrent qui va déborder dans la vallée; la pluie nous assaillait depuis plus d'une heure et nous désespérions de trouver un asile : l'obscurité était profonde, et le silence n'était interrompu que par le coassement d'énormes crapauds et le bruit du tonnerre qui retentissait répété par mille échos : nous étions inondés, nous marchions sans apercevoir de sentier tracé, et à travers les rochers qui bordaient le précipice, nous n'avions pas encore trouvé de place convenable pour nous arrêter. La route était impraticable; nous venions heureusement de descendre de nos mules, lorsqu'une d'elles glissa dans le torrent. Nous la retirâmes avec beaucoup de difficulté : il n'était plus possible d'avancer sans attendre le jour, et n'étant pas disposés à rétrograder, nous résolûmes de passer la nuit dans cette gorge noire. Sur les cimes des montagnes environnantes, nous distinguions des feux qui nous rappelaient les illuminations du mois de Ramadan, dans les villes musulmanes.

Cependant la pluie tombait moins abondante; nous étendîmes notre tapis sur les pierres, et nous nous endormîmes avec nos habits mouillés. Peu à peu le ciel redevint serein, et comme nous nous disposions à passer une nuit infame, elle nous parut délicieuse. En nous levant, nous nous aperçûmes que nous nous étions écartés de la route, et il fallut rebrousser chemin de quelques pas.

Nous montâmes sur une colline, et après l'avoir descendue avec difficulté, nous nous trouvâmes dans une nouvelle vallée moins vaste, mais plus fraîche que celle que nous avions parcourue la veille : elle était arrosée par le Robber-Aèni (la source de Robber), dont Bruce ne fait qu'un seul mot qu'il écrit Ribieraini et auquel il donne une étymologie toute différente. « Le nom de Ri-» bieraini, » nous dit ce voyageur, « a été donné » au ruisseau par les bandits des anciens villages » voisins, parce que de là on voit deux routes » opposées : l'une à l'ouest, conduisant à Gondar, » l'autre tirant à l'est vers la mer Rouge. Celui des » bandits qui se tenait en sentinelle s'écriait dès » qu'il apercevait une caravane : Ribieraini ! ce qui » signifie « on vient par là. » Alors chacun pre-» nait sa lance et son bouclier, et tous ensemble » se plaçaient de manière à attaquer, avec le plus » d'avantage, les pauvres marchands qui ne se » méfiaient de rien. » Ces détails sont assez curieux; malheureusement, ils ne reposent sur aucun fondement, et la véritable orthographe du mot en démontre l'inexactitude.

La description que ce voyageur nous a laissée du Robber-Aèni et de l'Ounguéa est frappante de vérité : tout ce qu'il dit de la fécondité des terrains arrosés par le premier ruisseau et des fleurs qui parfument les bords du second est parfaitement exact; mais il se trompe évidemment lorsqu'il prétend avoir traversé le Mareb, Robber-Aèni ne se trouve pas sur le chemin qui conduit du Mareb à Adoua.

Nous longeâmes la vallée dans la direction de l'est à l'ouest, nous arrivâmes à Mariam-Chaouïtou ou Marie la Verte, église environnée de sabines et d'oliviers, qui justifient l'épithète qu'on a donnée à la vierge à laquelle elle est consacrée. Nos domestiques nous apprirent qu'à gauche de notre route on trouvait encore les ruines d'une église élevée par Abba-Garima dans les premiers temps de la conversion des Abyssiniens au christianisme; mais, comme M. Salt en avait donné une description assez détaillée, nous ne jugeâmes pas à propos d'aller la visiter nous-mêmes.

C'était un samedi 2 mai, jour de marché à Adoua, tous les sentiers étaient couverts de longues files d'hommes qui se rendaient dans cette ville. Nous étions l'objet d'une curiosité générale. Nous trouvâmes sur notre route les douaniers d'Adoua, qui imposaient tous ceux qui portaient des marchandises : nous nous attendions encore à quelques nouvelles tracasseries; mais nous passâmes devant le poste sans être inquiétés, sans qu'on fît même la moindre observation. Arrivés sur les collines qui séparent Mariam-Chaouïtou d'Adoua, nous aperçûmes cette ville où nous espérions nous reposer un peu de toutes les contrariétés que nous avions éprouvées depuis notre départ de Massaouah. Chemin faisant, nous vîmes un porc-épic que l'on venait de tuer. Nous traversâmes le ruisseau d'Assa, et nous vînmes loger chez notre vieux domestique qui nous surprit singulièrement, en nous apprenant qu'il possédait deux maisons à Adoua. Nous l'avions toujours considéré comme un mendiant.

Nous reçûmes bientôt la visite de la plupart des blancs qui se trouvaient dans cette ville : le premier qui se présenta était un Arménien nommé Joannes : il était armurier. Son état, qu'il connaissait assez bien, lui avait donné, dans le pays, une certaine considération, mais fort peu d'argent, en sorte qu'il était loin d'être satisfait : il se plaignait beaucoup de l'avarice des Abyssiniens, et il ne nous fit pas l'éloge de la générosité d'Oubi. Il était regardé comme un honnête homme ; mais il n'avait que le mérite d'être plus rusé que ses amis qu'il avait su séduire par des dehors affables et ses manières câlines et jésuitiques : il rendait quelquefois service, mais c'était toujours dans des vues intéressées.

Le second s'appelait Bethléem : natif de Tiflis, il était resté, pendant plusieurs années, au service des Portugais dans l'île de Java ; il avait amassé quelques talaris et était parti de l'Inde pour aller à Jérusalem se faire ordonner prêtre ; mais, arrivé à Moka, il fut séduit par la peinture brillante qu'un Abyssinien lui fit de son pays, il renonça à son premier projet, et, après avoir converti une grande partie de son argent en objets précieux, il s'embarqua pour Massaouah, persuadé qu'il allait entrer dans un Eldorado. Il avait avec lui un cuisinier indien, juif de religion.

Arrivé à Arkéko sans firman et sans recommandations, il fut obligé de se soumettre aux exigences du Naïb, qui ne l'épargna pas. Il s'était à peine avancé dans l'intérieur des terres, que ses guides essayèrent de le piller; il se retrancha derrière ses effets comme dans un fort, et il envoya un homme au Naïb, qui vint en personne pour le délivrer des mains de ses abominables sujets. Parvenu à la cour d'Oubi, il distribua des cadeaux au prince et à tous ses courtisans, persuadé que, par ce moyen, il allait devenir un personnage important ; on reçut ses présents sans lui en tenir aucun compte : néanmoins Oubi le fêta pendant quelques jours; mais sa fortune allait sans cesse en décroissant, et quand nous arrivâmes à Adoua, il n'avait, pour tout bien, qu'une mule blessée dont il ne pouvait plus se servir.

Il se trouvait entièrement désenchanté, mais il aimait l'Abyssinie; il s'était habitué à ses mœurs, à son climat, il mangeait tous les jours son kilogramme de *broundou* [1], et s'était marié à une gentille grisette d'Adoua, qui le suivait dans ses expéditions guerrières. Le cuisinier juif avait abjuré sa religion et s'était fait soldat : il vivait dans une condition encore plus misérable que celle de son ancien maître. Bethléem avait complètement adopté les croyances religieuses d'Abyssinie, il se piquait de connaissances théologiques et parlait passablement l'arabe et l'anglais.

Il possédait encore un habit vert d'ordonnance qu'il ne mettait que dans les grandes occasions. Il n'avait ni hausse-col, ni chemise, et revêtait cet habit sur la chair; ses jambes étaient nues, et les basques retombaient jusque sur ses mollets : il portait une ceinture de vingt-cinq coudées de

[1] Viande crue.

longueur et s'enveloppait d'une toile abyssinienne en coton ; le duvet qu'elle avait déposé sur son habit en rendait la couleur presque méconnaissable. Bethléem était un excellent homme, et l'originalité de son costume, qui pouvait bien lui donner quelque ridicule, ne lui ôtait pas ses bonnes qualités.

Vint ensuite un troisième personnage dont l'accoutrement était presque aussi remarquable; celui-ci était entré en Abyssinie avec 1,500 talaris pour y faire des spéculations de commerce; mais, quoique vieux ou plutôt parce qu'il était vieux, il s'était laissé séduire par les jolies femmes d'Adoua et de Gondar, et, oubliant le but de son voyage, il consomma rapidement tout son bien; il avait des montures bien harnachées, il se faisait précéder par une foule de domestiques armés de sabres et de fusils, et se donnait ainsi les airs d'un grand de cette contrée; mais ces beaux jours ne furent pas de longue durée : femmes, chevaux, sabres, fusils, tout avait disparu, et il vivait, depuis quelque temps, des aumônes d'Oubi. Une paire de *babouch* [1] du Caire en maroquin rouge, auxquelles il avait fait mettre une semelle par un cordonnier d'Adoua, faute d'argent pour

[1] Chaussure turque.

s'en procurer de nouvelles, était tout ce qu'il lui restait de ses anciennes richesses.

Gorgorios, car c'est ainsi qu'il se nomme, avait parcouru la Turquie, l'Arabie et l'archipel de la Grèce; c'était un de ces hommes tellement nomades, qu'il fut embarrassé quand nous lui demandâmes le nom de son pays natal, il balbutia et répondit enfin, en employant la première personne du pluriel : « Nous ne sommes d'aucune ville, nous les parcourons toutes sans nous arrêter définitivement ; pourtant il nous semble que nous sommes né à Bagdad ou à Constantinople : maintenant nous avons envie d'aller à Paris porter une pacotille de peaux de tigre. » Le pauvre homme se berçait encore d'illusions, il oubliait alors son entier dénuement.

VII.

SOMMAIRE.

Description d'Adoua. — Son marché. — Mauvaise foi du douanier Zeinou. — Béchir. — Nouvelles du camp d'Oubi. — Un mariage à la mode du pays. — Départ d'un corps d'armée. — Nous quittons Adoua. Un camp abyssinien. — Arrivée à Iaha. — Un homicide. — Dagassonné. — On pille un village. — Les fusiliers. Bel effet d'un incendie. — Insouciance des femmes des camps. — Arrivée à Sariro. — Une émasculation. — Une histoire à ce sujet. — Infériorité des hommes qui n'ont pas mutilé un ennemi. — Départ de Sariro. — Description de la route. — Montagnes à pic. — Arrivée à Magat.

CHAPITRE VII.

Adoua est bâti sur le penchant d'une colline : plusieurs de ses habitations ont une forme conique, d'autres ont une toiture aplatie et sont surmontées de terrasses; quelques unes ont un premier étage. Cette capitale compte trois mille habitants. Les églises d'Adoua sont dédiées l'une à

Marie (Mariam), l'autre à l'archange Gabriel, et une troisième à la Madeleine (Médinaalem): celle-ci, qui fut bâtie par Saba-Gadis, dernier roi du Tigré, est dans l'intérieur de la ville, mais elle n'est pas encore terminée. L'église de Godus Michaël (Saint-Michel) au nord-est d'Adoua, ornée en dedans de fresques grossières et entourée de tombeaux au dehors, est admirablement ombragée par de sombres sabines et de grands oliviers. Les blancs établis dans cette capitale cultivent des jardins et naturalisent, dans cette contrée, des plantes d'Égypte et de Syrie. La ville est abreuvée par l'abondant ruisseau d'Assa, qui coule à ses pieds et ne tarit dans aucune saison. Du côté de l'église de Saint-Michel, s'élève un énorme pic qui domine majestueusement la plaine.

On confectionne à Adoua un grand nombre de toiles de plusieurs qualités; on y travaille la soie, et son marché, qni a lieu tous les samedis, est un des plus importants de l'Abyssinie. Le bétail, les peaux de divers animaux domestiques ou sauvages, le beurre, le miel, les citrons, les légumes et un grand nombre d'objets venus de Massaouah et d'Arabie, affluent sur la grande place qui se déploie au delà du ruisseau. Le sel[1], le poivre, les céréales et les toiles communes sont les monnaies du pays ; le talari est reçu partout.

Cette ville, située entre Gondar et Massaouah, est florissante par son commerce : le douanier Zeinou, qui prend le titre de *bacha*, perçoit des droits importants sur les caravanes qui se rendent à la mer en passant par Adoua ; et il trouve facilement le moyen de s'enrichir, quoiqu'il soit obligé de payer tous les ans une forte somme à Oubi, possesseur actuel du Tigré.

Zeinou est un musulman rusé, qui ne se fait aucun scrupule d'abuser de l'inexpérience des voyageurs : dernièrement un aventurier français, qui était venu chercher fortune en Abyssinie, avait déposé chez ce douanier un certain nombre de fusils qu'il espérait vendre aux soldats de Saba-Gadis ; mais lorsqu'il voulut les réclamer, le bacha refusa de les lui remettre en protestant qu'il n'avait jamais rien reçu du pauvre voyageur qui, faute de preuves, n'osa pas en appeler à la justice de ceux qui auraient pu le protéger.

Béchir, qui avait pris une route différente de

[1] Le sel gemme, qui est assez commun en Abyssinie, est la monnaie la plus répandue dans le pays : chaque morceau est de la forme et de la grosseur d'une pierre à aiguiser les faux.

la nôtre, nous avait précédés à Adoua. Dès qu'il eut appris que nous étions arrivés dans cette ville, il s'empressa de venir nous exprimer sa vive reconnaissance. « Si vous voulez me permettre de vous accompagner, » nous dit-il, « je ne vous quitterai plus ; je suis prêt à vous suivre au bout du monde ; je ne veux point de salaire ; ne me laissez pas mourir de faim, et je serai content. » Depuis ce jour, Béchir nous voua un attachement à toute épreuve. Le lendemain, Joannes, qui voulait nous traiter à l'abyssinienne, nous envoya un mouton et un gombo d'hydromel ; mais Gorgorios, prétendant nous recevoir à la française, nous donna un dîner qui se ressentait de la nature de notre hôte ; sa cuisine n'était ni turque, ni européenne, c'était une cuisine à lui.

Sur ces entrefaites nous vîmes arriver du camp d'Oubi un jeune homme attaché au service de Bethléem : il était couvert de haillons, et n'avait pu se soustraire aux brigands qui désolaient la route qu'en voyageant la nuit. Il nous apprit que les soldats, qui ne vivaient que de rapine et de pillage, étaient réduits à une extrême misère, et que depuis longtemps ils ne se nourrissaient que de viande sans pain. Déjaj-Oubi attendait impatiemment la venue d'une troupe qui devait lui apporter des provisions : il s'était emparé de la plupart des positions qu'occupaient les fils de Saba-Gadis, et il n'attendait, pour revenir sur ses pas, que l'arrivée de ce corps d'armée. Tout le monde paraissait avide de ces nouvelles, et le domestique fut accablé de questions. Nous avions appris que ce jeune homme était natif de Choa, et comme nous désirions depuis longtemps avoir des renseignements précis sur cette contrée dont l'abord a été jusqu'ici fermé aux voyageurs, et que nous voulions visiter nous-mêmes, nous l'interrogeâmes longuement : il nous vanta beaucoup son pays, et ne nous dissimula pas les périls dont la route était semée ; il nous fit une peinture peu rassurante des hordes galla que nous avions à traverser, mais loin de nous décourager, nous nous promîmes, dès ce moment, de ne pas quitter l'Abyssinie avant d'avoir pénétré dans ces régions inconnues.

Cependant les soldats qui devaient se rendre auprès d'Oubi ne tardèrent pas à se réunir à Adoua ; on les voyait arriver de tous les côtés et à toutes les heures. Ils formèrent leur camp dans la belle plaine qui précède la ville, et lorsqu'ils furent tous rassemblés, le chef ordonna qu'on se préparât au départ pour le 7 du mois de mai.

Nous avions déjà oublié nos fatigues, et, ne voulant pas quitter le Tigré sans avoir vu Oubi, nous résolûmes de nous joindre à ce corps d'armée pour nous rapprocher de ce prince et explorer en même temps la province d'Agami.

Avant de nous éloigner d'Adoua, nous rapporterons un fait qui préparera nos lecteurs à ce que nous avons à leur dire, relativement aux mœurs du pays : notre vieux domestique avait une jeune fille que la mort de Dassou venait de rendre veuve; il savait que les Abyssiniennes ont un goût décidé pour les blancs, et, pensant qu'il n'avait rien de mieux à faire, pour consoler sa fille de la perte récente de son mari, que de lui choisir un remplaçant, il forma le dessein de nous la faire accepter sinon pour femme, du moins pour maîtresse. Il communiqua son projet à la jeune veuve qui se prêta à ses désirs de la meilleure grace du monde. Le père, qui vivait depuis quelque temps avec nous et qui connaissait mieux notre caractére que sa fille, lui désigna celui de nous deux qu'il supposait être le plus facile à séduire, et le plan d'attaque arrêté, l'exécution commença : chaque fois que celui qu'on avait désigné pour *victime* se trouvait seul dans la maison, la veuve de Dassou ne manquait jamais de se rendre près de lui, et sa mère ou sa sœur, redoutant sans doute la venue de quelque importun, se hâtait de venir fermer la porte pour les laisser en pleine liberté; dès que la fille sortait, on s'empressait de venir lui demander le résultat du tête-à-tête qu'on avait si bien ménagé.

Ainsi qu'on l'avait décidé, le 7 mai, on leva le camp, et nous partîmes d'Adoua avec Bethléem, n'emportant avec nous que notre tente que nous destinions à Déjaj [1] Oubi.

Les soldats se mirent en marche dans une confusion extrême, et tandis qu'un grand nombre d'entre eux n'avaient pas encore quitté la ville, plusieurs étaient arrivés à Mariam-Chaouïtou, où l'on devait stationner. Après avoir admiré l'ordre qui règne dans nos armées, nous étions tout étonnés en pensant que nous nous trouvions au milieu d'un camp; parmi cette troupe qui s'en allait à la débandade, on remarquait un nombre considérable de femmes chargées de fardeaux à fatiguer des bêtes de somme : plusieurs étaient enceintes et d'autres portaient des enfants encore à la mamelle; elles suivaient leurs maîtres ou leurs maris à la guerre, et, arrivées

[1] Mot abyssinien qui signifie général.

à la station, au lieu de songer à se reposer, elles préparaient le repas des soldats. Cette vie d'aventure et de dangers, loin de leur déplaire, avait pour elles un attrait que nos femmes comprendront difficilement; nulle ne regrettait son pays ou son foyer; elles supportaient gaîment la fatigue et se soumettaient sans murmure aux plus pénibles travaux. Les chefs, peu versés dans la stratégie, au lieu de s'inquiéter de régulariser un peu la marche de leurs troupes, pressaient leurs bonnes montures pour arriver plus vite au lieu du repos : ils étaient entourés d'une musique barbare qui paraissait charmer les rudes oreilles des Abyssiniens. Le désordre était tel que cinquante hommes serrés auraient mis facilement en déroute ces nombreuses cohortes qui marchaient sans règle et sans lois; et cependant cette armée, avec sa confusion et son irrégularité, était peut-être empreinte de plus de poésie que les nôtres avec leur discipline sévère et leur tactique compassée; ce pêle-mêle de lances hérissées, cette sauvagerie de costumes et de caractères avaient un aspect plus guerrier que les masses imposantes de nos troupes avec leurs armes symétriquement portées, avec leur uniformité belle sans doute, mais, en vérité, peu martiale : la guerre, c'est le désordre; l'armée régulière est vieille, elle touche à sa fin, à sa transformation. Le génie des batailles est une furie échevelée que nous avons peignée et frisée, nous l'avons dépouillée de ses vêtements grossiers et pesants pour la revêtir d'habits de fête qui la gênent dans son allure formidable et qui doivent un jour l'étouffer!

Après avoir passé les montagnes qui bornent la plaine d'Adoua, nous arrivâmes près de l'église de Mariam-Chaouïtou et nous dressâmes notre tente sur les bords du ruisseau, ombragé par des palmiers sauvages chargés de fruits amers. Le chef de la petite armée avait pris position sur un tertre qui s'élevait à l'entrée de la vallée. Nous étions à la station depuis onze heures du matin, et il était presque nuit quand l'arrière-garde arriva. Tous ceux qui avaient des tentes s'empressèrent de les déployer; elles étaient plus ou moins grandes, selon l'importance des personnages qui les occupaient. Les petites étaient d'une étoffe de laine noire et grossière ; les plus belles, celles des chefs importants, étaient en toile de coton. La lie des soldats, ceux qui n'avaient pour tout bien qu'une lance et un mauvais bouclier, se construisait à la hâte, avec des roseaux et des branches de palmier ou des joncs, des cahutes qu'elle brûlait toujours avant de partir.

Le lendemain, nous séjournâmes à Mariam-Chaouïtou, et notre tente devint le rendez-vous des principaux guerriers du camp; le chef lui-même vint nous faire une visite, accompagné d'une suite brillante. Le même jour, nous reçûmes une invitation de Chalaca-Belli, l'un des plus importants officiers de l'armée. Quand nous nous présentâmes chez lui, il était assis sur un sarir placé au fond de sa tente, et un grand nombre de personnages se tenaient debout autour de lui: il se souleva dès que nous parûmes et nous engagea à venir partager son siége. Après avoir congédié la plupart de ceux qui encombraient sa mobile demeure, il fit apporter, par une de ses femmes, une grande cruche d'hydromel et plusieurs breullis d'eau de vie qui furent promptement vidés. Chalaca-Belli nous questionna longuement sur les mœurs de nos pays, et, lorsque nous nous retirâmes, il voulut absolument nous faire accepter un bœuf.

Le lendemain, nous quittâmes Mariam-Chaouïtou, et nous traversâmes de nouveau la vallée dans la direction de l'ouest à l'est; après trois heures de marche, nous commençâmes à gravir la montagne de Robber-Aèni, et nous vînmes camper dans une petite plaine, véritable enclos resserré dans une enceinte de montagnes escarpées. On remarquait çà et là quelques maisons éparpillées. Ce site, qui s'appelle *Iaha*, est arrosé par un frais ruisseau.

Pendant que nous étions campés dans ce lieu, un Tigréen enchaîné et conduit par un soldat vint mendier à l'entrée de notre tente : étonnés d'une semblable bizarrerie, nous en demandâmes l'explication, et nous apprîmes que le prisonnier mendiant avait assassiné le frère du soldat qui l'accompagnait, et, comme il ne se trouvait pas assez riche pour payer le prix du sang qu'il avait répandu, il était à la disposition des parents de la victime, qui le faisaient aller de porte en porte pour solliciter la pitié des gens qui, dans ces circonstances, se montrent toujours généreux. Tout ce que le meurtrier amassait dans ses courses appartenait à la famille du mort, qui devait perdre ses droits sur l'assassin, dès que celui-ci aurait payé la somme exigée en pareil cas. Nous lui donnâmes une toile d'Adóua, et il se retira satisfait. On nous dit, en même temps, que les homicides qui avaient le temps de se réfugier dans ces asiles inviolables répandus en

Abyssinie se hâtaient de sonner la cloche dès qu'ils étaient sauvés, pour annoncer qu'ils étaient entrés dans ces lieux sacrés comme meurtriers et non comme voleurs. Ils s'appliquent eux-mêmes la peine d'une réclusion perpétuelle, et les prêtres sont chargés de pourvoir à la nourriture des assassins qui n'ont pas de famille. L'église d'Axoum et celle de la Madeleine, à Adoua, sont des refuges pour les coupables.

Le lendemain, nous partîmes d'Iaha au lever du soleil, et, après une assez longue étape, nous arrivâmes dans la vallée de *Dagassonné*, entourée de hautes montagnes couvertes de coll-quals : il s'y tient un marché tous les lundis. Deux heures et demie avant d'arriver dans cette belle vallée, nous traversâmes le grand ruisseau de *Maï-Gamrat-Samri*. Nous apercevions devant nous les hautes chaînes de la province d'Agami.

Parvenus au lieu de la station, les soldats, affamés, obtinrent du général, qu'ils importunaient de leurs plaintes, la permission d'aller au pillage; ils se divisèrent aussitôt en deux bandes, et se dirigèrent en foule vers les deux villages qu'on leur sacrifiait, et que nous apercevions sur les hauteurs environnantes; avant la nuit, nous les vîmes revenir avec leur butin : les uns étaient chargés de grandes outres pleines de grains, et d'autres poussaient devant eux les bœufs et les moutons qu'ils avaient dérobés, s'inquiétant fort peu des cris et des supplications des pauvres villageois qu'ils venaient de dévaliser, et qui les avaient suivis jusque dans le camp, dans la folle espérance d'attendrir des soldats abyssiniens. Quelques uns d'entre eux étaient arrivés jusqu'à la tente du général pour demander justice; mais on ne daigna pas même les entendre.

Le 11, nous séjournâmes à Dagassonné, et, pour se distraire autant que pour s'exercer, les principaux guerriers se réunirent pour aller tirer à la cible; il avaient tous des fusils à mèche d'une longueur plus qu'ordinaire : la poudre dont ils faisaient usage, fabriquée dans le pays, était très grossière, et ils étaient obligés de l'écraser pour l'introduire dans la lumière; ils se servaient de balles en fer; et, loin de charger leur arme avec la dextérité de nos soldats, ils étaient d'une lenteur qui prouvait leur inexpérience : avant de tirer, ils appuyaient toujours leurs fusils contre un arbre ou sur une pierre; et ce n'était guère qu'après avoir visé longtemps, qu'ils se décidaient à brûler l'amorce. Cependant, lorsqu'ils avaient pris toutes leurs mesures, ils manquaient rarement leur but. Après s'être séparés, quelques uns allèrent à la chasse et en rapportèrent quelques vautours, dont ils firent hommage au général, qui les régala chacun d'un plein breulli d'hydromel. Les fusiliers du Tigré passent pour les plus habiles de l'Abyssinie. Le domestique de Bethléem, l'habitant de Choa, qui était parti avec nous pour retourner au camp d'Oubi, et qui ne nous quittait que pour suivre les soldats au pillage, nous amusa singulièrement en nous apprenant qu'avant l'arrivée d'un Grec, nommé Élias, qui, d'après le rapport du narrateur, avait rendu de grands services au roi de Choa, qui en gardait pieusement le souvenir, les guerriers de son pays se réunissaient par trois pour tirer un fusil : l'un d'eux se mettait à genoux, l'autre appuyait l'arme sur son épaule, et le troisième, qui portait avec lui une mèche allumée, venait mettre le feu en hésitant, et les trois champions, qui avaient frémi au moment de l'explosion, se regardaient, étonnés de ne pas être morts ou blessés, et s'applaudissaient mutuellement de leur action héroïque.

Le 12, nous nous éloignâmes de Dagassonné : c'était l'heure du crépuscule; nous avions fait à peine un mille, lorsqu'en détournant la tête nous fûmes frappés d'un magnifique spectacle : selon leur habitude, les soldats venaient de mettre le feu aux cabanes qu'ils abandonnaient, et l'incendie, qui éclatait de toutes parts, à travers une demi-obscurité, donnait à la vallée une physionomie à la fois lugubre et imposante; sa verdure avait revêtu une teinte plus sombre, et tous les arbres nous semblaient des sabines ou des cyprès; la flamme, qui s'élançait vers le ciel avec sa couleur violette et bleue, pâlissait aux approches du jour, et le paysage se déridait insensiblement. On eût dit que ce vaste incendie, qui se développait sans obstacle dans ce lieu devenu solitaire, avait été allumé par quelque esprit des ténèbres, qui jouissait sans trouble de son œuvre infernale. Nous continuâmes notre route en regardant souvent derrière nous, car ce tableau avait quelque chose de magique. Nous demandâmes aux soldats si c'était pour se récréer qu'ils brûlaient ainsi ces cahutes, et ils nous répondirent qu'ils n'en usaient de la sorte que lorsqu'ils se trouvaient en pays ennemi.

La timidité des femmes du camp, qui n'avaient osé, d'abord, nous approcher, s'évanouissait peu à peu, et, durant la route, elles nous entourèrent en grand nombre et adressèrent à notre interprète les questions les plus curieuses; elles demandaient si nous étions de la même composition que les autres hommes, et si nous n'étions pas différemment façonnés : Béchir s'empressait de nous traduire leurs paroles, qui excitaient notre gaîté; et ces femmes, encouragées par nos éclats de rire, devenaient de plus en plus libres. La licence des mœurs, portée à l'excès dans les villes, est encore plus effrayante dans les camps, où le désordre est extrême. Ces Abyssiniennes, avec leur caractère si original, nous offraient de continuelles distractions : sans aucun souci, elles suivaient les soldats en chantant, vivaient au jour le jour, et, malgré leurs fatigues et les rudes travaux auxquels elles sont condamnées, elles menaient joyeuse vie sans penser à s'inquiéter des chances terribles de la guerre.

Nous cheminâmes par un sentier étroit et fatigant; il fallait sans cesse monter et descendre; parfois nous suivions des gorges resserrées et pierreuses, et les nouvelles chaînes qui se déroulaient devant nous, rapprochées les unes des autres, et largement aplaties au sommet, offraient, vues d'un peu loin, la perspective d'une plaine élevée traversée par des lits de torrents. La route était couverte d'arbres presque desséchés. Nous vînmes nous reposer dans la belle vallée de *Sa-*

riro, arrosée par le ruisseau de *Maï-Ghébéta*. Nous apercevions, du côté du sud, sur une montagne prodigieusement élevée, le village d'*Aougher*, dominé par son église dédiée à Marie.

Ce jour-là, les soldats, qui avaient quitté Sariro pour aller encore au pillage, ne se contentèrent pas d'enlever tout ce qu'ils trouvèrent dans le malheureux village livré à leur rapacité, ils y mirent le feu en l'abandonnant; et, du lieu de notre station, nous distinguions la clarté de l'incendie qui dura presque toute la nuit. Nous eûmes, à leur retour, une horrible représentation : un homme qui, pendant le pillage, avait voulu défendre sa propriété, avait été tué par un guerrier du camp, qui, fier de son exploit, arriva sur son cheval en poussant d'affreuses vociférations : il avait appliqué, sur le poitrail de sa monture, la toile ensanglantée de sa victime, et entre les yeux de son cheval était suspendu le membre viril du mort, que les Abyssiniens coupent toujours à leurs ennemis terrassés dans les combats : si le vaincu n'est que blessé, il n'en subit pas moins l'épouvantable mutilation : les lanciers à pied suspendent le membre au bouclier, les fusiliers à leurs fusils. Lorsque le vainqueur fut arrivé devant la tente du général, il chanta lui-même sa victoire avec une emphase insolente, il criait à assourdir ses voisins, et, après s'être épuisé en longues fanfaronnades, il détacha le membre viril de son ennemi et le montra orgueilleusement à une foule composée d'hommes et de femmes qui s'étaient réunis pour venir applaudir à sa bravoure. Le chef de la troupe lui promit de l'enivrer d'hydromel et de ne pas l'oublier auprès d'Oubi.

On nous raconta à ce sujet l'histoire suivante : — Deux Abyssiniens sans courage, qui avaient néanmoins embrassé le métier des armes dans l'espoir de gagner leur vie plus facilement qu'en se livrant aux travaux de l'agriculture, étaient l'objet des railleries continuelles de leurs compagnons qui leur reprochaient tous les jours leur poltronnerie : pour se laver de l'opprobre qui rejaillissait sur leur nom, ils conçurent l'horrible dessein d'émasculer deux prêtres attachés à leur camp, et qui devaient se rendre ensemble dans leurs foyers la veille d'une grande bataille. Pendant la nuit, ils se rendirent sur la route que ces malheureux devaient suivre, les attendirent au passage dans un lieu désert, et s'étant précipités sur ces faibles victimes privées de toute défense, ils les frappèrent de leurs lances, et, les ayant renversées, les émasculèrent sans pitié.

Ils s'en retournèrent au camp avec ces glorieuses dépouilles, et, le lendemain après la bataille, ils se présentèrent devant Oubi qui commandait alors l'armée, et produisirent les preuves de leurs prouesses, au grand étonnement de tous les soldats, qui applaudirent néanmoins à la valeur de leurs compagnons réprouvés qui venaient de se réhabiliter à leurs yeux d'une manière si éclatante : le prince lui-même les combla d'éloges, et ils eurent part aux faveurs qu'il distribua à ses troupes après le combat. Ils se retirèrent avec la pleine satisfaction de leur crime; malheureusement pour eux, l'un des prêtres, qui n'était pas mortellement blessé, se rétablit après une longue et cruelle maladie, et, animé par le désir d'une légitime vengeance, il s'empressa de se rendre auprès d'Oubi pour lui demander justice. Le prince, après avoir écouté avec douleur les détails de cette horrible aventure, fit saisir les coupables et les confronta avec la victime qui les reconnut aussitôt : ils avouèrent eux-mêmes leur crime, et ils furent frappés d'une sentence de mort qu'on exécuta sur-le-champ.

La coutume barbare d'émasculer les vaincus est répandue dans toutes les provinces de l'Abyssinie : plus un homme a fait d'eunuques à la guerre, plus il a droit à la considération générale; il conserve avec soin les parties sexuelles de ses victimes, comme autant de trophées de sa gloire; tant qu'un soldat n'a pas à offrir le membre viril de quelque ennemi terrassé, il ne jouit d'aucune réputation, quelle que soit d'ailleurs sa bravoure; les femmes elles-mêmes ont moins d'égards et moins de prévenances pour lui, et il ne lui est pas même permis de laisser pousser ses cheveux : aussi il est très rare que les jeunes guerriers épargnent un ennemi même lorsqu'il se rend; ils ne font jamais de prisonniers, tandis que ceux qui se sont acquis des titres à la gloire, c'est à dire qui ont souvent émasculé, ménagent un vaincu qui les implore et consentent à accepter une rançon. Lorsqu'on demande aux Abyssiniens pourquoi ils coupent ce membre plutôt qu'un autre, ils répondent sans hésiter que c'est là seulement ce qui caractérise l'homme.

Le lendemain, nous partîmes de Sariro au lever du soleil, et nous suivîmes, pour arriver à *Magat*, une route abominable. Pendant cinq mortelles heures, nous ne fîmes que gravir et descendre des montagnes à pic : au moment d'arriver au sommet de la première chaîne que nous rencontrâmes, quelques mules et un grand nombre de baudets pesamment chargés roulèrent jusqu'au pied pour ne plus remonter. Après avoir vaincu cette première difficulté, nous cheminâmes sur de nouvelles montagnes de pierre dure où l'on n'apercevait pas un brin d'herbe; le sentier était glissant, et nous fûmes forcés de descendre de nos mules que deux jeunes filles voulurent elles-mêmes conduire par la bride. Enfin, après de grandes fatigues, nous vînmes camper au nord de la montagne de Devra-Damô, sur un terrain inégal couvert d'arbres rabougris; la rivière de Bélessa, que nous avons déjà rencontrée sur notre route, coulait à nos pieds. Depuis Dagassonné, nous étions dans la province d'Agâmi, dont la capitale est aujourd'hui *Add'-Igratt*.

VIII.

SOMMAIRE.

Devra-Damô. — Description de ce pic. — Son monastère. — Fable accréditée parmi les Abyssiniens. — M. Coffin. — Séjour à Magat. — Départ. — Arrivée dans le camp d'Oubi. — Agami. — Nous nous présentons chez le prince. — Son portrait. — Les courtisanes. — Festin royal. — Le camp change de position. — Banquet magnifique. — Discours. — Chants. — La misère est dans l'armée. — Nous voulons nous rendre à Choa par Lasta. — Oubi nous fait renoncer à ce projet. — Costumes abyssiniens. — Usages divers. — Départ pour Adoua. — Différentes manières de faire le pain en Abyssinie. — Le soldat amoureux. — Deux exécutions à Dagassonné. — Dégoût des Abyssiniens pour le gibier. — Superstition d'une courtisane. — Adoration des astres. — Divers corps de troupes se détachent de l'armée. — Entrée triomphale d'Oubi à Adoua.

CHAPITRE VIII.

La montagne de Devra-Damô est imprenable, et, du haut de cette forteresse naturelle, on peut braver sans crainte l'effort des ennemis. Les habitants d'Agami, qui voient leur malheureux pays sans cesse désolé par la guerre, viennent tous les ans y déposer une partie de leurs richesses. Le sommet de cet énorme rocher taillé à pic de toutes parts est recouvert d'une épaisse couche de terre fertile qu'on travaille avec soin ; mais ce qu'on y récolte est loin de suffire pour la consommation des habitants de cette étonnante montagne qui recèle toujours d'immenses provisions venues du dehors. Au rapport des Abyssiniens, on trouve sur le plateau cent cinquante citernes qui se remplissent au temps des pluies et ne tarissent jamais avant la fin de l'année. Pour arriver au sommet, on est obligé de se faire hisser avec une corde. La longueur de ce voyage aérien est de trente brasses, et certaines personnes, effrayées ou épuisées, arrivent sur le plateau dans le plus complet évanouissement. Cette montagne possède une église pittoresque habitée par des moines, elle est entourée de belles cultivations et de prairies qui nourrissent un grand nombre de vaches et de chèvres qu'on fait monter sur ce rocher, attachées par les cornes, les pieds et le milieu du corps.

C'était sur ce sommet inaccessible qu'on reléguait autrefois les branches cadettes de la maison régnante. Tous les ans, vers la fin d'octobre, on célèbre à Devra-Damô une fête en l'honneur d'un saint nommé Aragoï, qui était du nombre des neuf personnages qui vinrent d'Égypte, en

Abyssinie, sous le règne d'Amda, pour continuer l'œuvre de Frumentius[1]. Chacun d'eux fit bâtir une église ou un couvent, et saint Aragoï fonda le monastère de Devra-Damô.

Les Abyssiniens, partisans du merveilleux, comme tous les peuples qui sont encore dans l'enfance, ne manquent pas de débiter un grand nombre de fables sur le compte de celui qui parvint le premier sur cet énorme roc qui, d'après eux, fut, de tout temps, inaccessible; voici le plus accrédité de leurs contes, que nous tenons d'un ambassadeur envoyé par le Naïb à Déjaj-Oubi : — Un dévot personnage, possédé de l'amour de la solitude, passant un jour près du rocher de Devra-Damô qui était alors inhabité, conçut le projet de se retirer sur ce sommet pour y couler le reste de ses jours dans la retraite; il fit plusieurs fois le tour de ce mont, et, s'étant convaincu qu'il était impossible d'y arriver sans le secours de Dieu, il se mit en prière pour demander au Tout-Puissant de faire un miracle en sa faveur pour lui rendre ce roc accessible; le Seigneur voulut exaucer les vœux du pieux cénobite, car il envoya aussitôt un énorme serpent qui commença à gravir le rocher; le saint homme le

[1] Frumentius est l'apôtre de l'Abyssinie.

saisit par la queue et se fit traîner jusqu'au haut de la montagne par le reptile qui disparut dès qu'il eut rempli sa tâche. Il vécut là plusieurs années, séparé du reste des vivants; mais enfin il se décida à attirer à lui d'autres hommes qu'il fit monter à l'aide d'une corde, et depuis cette époque, il y a toujours eu un grand nombre de moines à Devra-Damô.

L'individu qui nous rapporta cette histoire paraissait avoir foi en son récit, et nous nous dispensâmes de lui demander des renseignements plus exacts. La plupart des Abyssiniens que nous interrogeâmes plus tard pour savoir comment cette roche inexpugnable se trouvait habitée nous répondirent tous par le conte du serpent, et nous désespérâmes de découvrir la vérité. Il est probable que cette montagne possédait autrefois un sentier qui fut détruit, sans doute, par les habitants pour se mettre à l'abri de toute hostilité. M. Salt s'est trompé lorsqu'il a prétendu que ce sentier existait encore, car il est évident que, si l'abord de Devra-Damô eût été possible sans le secours de ceux qui se trouvent sur le sommet, à l'époque où ce voyageur se trouvait en Abyssinie, ces peuples n'en auraient pas entièrement perdu le souvenir; tout porte à croire au contraire, que ce mont, l'un des plus curieux du pays, est inaccessible de temps immémorial.

Sur le sommet de cette montagne, au milieu de cette société stylite, se trouvait l'Anglais Coffin, qui avait accompagné M. Salt dans son voyage en Abyssinie. Il était resté dans le pays après le départ de son protecteur, et s'était attaché à Saba-Gadis, qu'il avait engagé à se mettre en rapport avec l'Angleterre, et ce prince, qui depuis longtemps désirait s'unir avec une puissance européenne, avait envoyé M. Coffin dans l'Inde avec des présents considérables, et l'avait chargé de lui rapporter des armes à feu. L'Anglais avait parfaitement rempli sa mission, et était revenu à Arkéko, porteur de six mille fusils; en arrivant, il apprit que Saba-Gadis, battu par les troupes de Ras-Marié et d'Oubi, avait été mis à mort: comme, d'après les ordres de son gouvernement, il ne devait remettre ses armes qu'au roi du Tigré, il les laissa en dépôt chez le Naïb, et, dès qu'Oubi fut rentré dans le Sémen, il pénétra de nouveau en Abyssinie et vint prendre parti pour les fils de Saba-Gadis, qui s'étaient soulevés après le départ de leur ennemi; mais, vaincus de nouveau, ces princes avaient été obligés de se cacher, et M. Coffin, craignant le ressentiment du vainqueur, qui avait, au contraire, le plus grand intérêt à le ménager, s'était réfugié sur la montagne de Devra-Damô.

Le lendemain, nous séjournâmes à Magat. Le soir, au milieu des feux du camp, qui, vus d'un peu loin, offraient l'aspect d'une grande illumination, en présence d'une forteresse ennemie, les soldats exécutèrent des danses qui, dans ce lieu sauvage et à cette heure obscure, avaient quelque chose de fantasmagorique. On apercevait au pied de la roche, au point où elle commence à être inaccessible, les foyers allumés par les femmes des soldats retirés au sommet, d'où elles sont exclues à cause de leur sexe.

Le 15, nous nous remîmes en marche : la route fut encore plus pénible pour les piétons que celle qui nous avait conduits de Sariro à Magat. Nous ne rencontrâmes pas, comme l'avant-veille, des passages difficiles, impraticables; mais il fallut sans cesse monter et descendre de hautes montagnes couvertes d'arbres épineux qui se croisaient sur le chemin comme pour le fermer. Nous n'apercevions de toutes parts que des chaînes imposantes et sombres. Après quatre heures de marche, nous passâmes à côté du village de *Gaghés*; une demi-heure après notre départ, nous avions remarqué à notre droite, sur le penchant d'une colline, le village de *Gual-Damô*. Nous approchions du camp d'Oubi ; peu de temps avant d'y arriver, nous entrâmes dans un vallon délicieux arrosé par le ruisseau de *Tabahaa* que nous longeâmes pendant un quart d'heure ; nous nous élevâmes ensuite par un sentier étroit et difficile qui voyait rouler à sa gauche un précipice affreux. Après avoir esquivé le danger, nous vînmes camper sur la hauteur, au milieu des tentes de l'armée du prince, non loin du village de *Farsara*. Toutes les montagnes des alentours, pressées les unes contre les autres, étaient couvertes d'arbres, et çà et là on remarquait quelques cascades. Nous étions toujours dans Agami, à dix lieues d'Add'-Igratt.

Cette province, dont le sol est très élevé au dessus du niveau de la mer, jouit d'un air salubre et pur, et ses vallées sont d'une fécondité merveilleuse ; elle est couverte d'une infinité de plateaux dont une des faces est toujours à pic : plusieurs n'ont qu'un seul sentier très facile à défendre, et, pour y parvenir, on est quelquefois obligé de se glisser dans des chemins creux, espèces de tanières obscures et si étroites, que deux hommes ne pourraient y marcher de front.

C'est là que les fils intrépides de Saba-Gadis, chassés de toutes leurs positions par l'infatigable Oubi, étaient venus chercher leur dernier refuge. Soutenus par un corps de cinq cents fusiliers les plus renommés de l'Abyssinie , ils opposaient la résistance la plus opiniâtre et bravaient l'armée entière de leurs ennemis à l'abri de ces fortifications naturelles. Ces plateaux étaient alors tout ce qui leur restait de l'héritage de leur père, et, dès que le roi du Sémen revenait chez lui pour passer les mois pluvieux, ils descendaient de leurs retraites pour piller ceux qui s'étaient déclarés pour le vainqueur et devenaient ainsi le fléau de leur propre pays.

Le jour de notre arrivée à Farsara, nous fûmes présentés à Oubi : il était sous une grande tente divisée en deux compartiments dont l'un servait de chambre à coucher et l'autre de salle de réception. Le prince, à demi renversé sur un sarir recouvert d'un tapis de satin , reposait sa tête sur un énorme coussin d'une étoffe d'un rouge éclatant. Ses pieds retombaient sur les genoux de l'un de ses ministres assis sur les joncs qui tapissaient le sol. Derrière lui, à l'un des bambous qui soutenaient sa tente, on remarquait un gracieux faisceau composé de sa belle lance, de son sabre, de cette peau de mouton que portent tous les soldats abyssiniens, et de son bouclier orné, par dessus, de plaques d'argent et doublé, en dedans, de velours rouge. Quelques personnages importants formaient un groupe séparé, et quelques jeunes garçons, dont l'emploi est analogue à celui des pages des cours d'Europe, étaient rangés près du siége du roi, prêts à obéir à ses moindres volontés.

La physionomie d'Oubi n'a du type abyssinien que sa roide chevelure ; il ressemble parfaitement à un chérif arabe : son aspect physique est rabougri, et sa figure annonce un profond et rusé politique. Il nous reçut avec les plus grands égards; il se souleva dès que nous parûmes, et nous présenta sa main ; il nous fit asseoir à ses côtés, et, après avoir échangé quelques paroles de politesse, nous lui offrîmes notre tente qu'on déploya aussitôt devant lui, et il l'accepta avec une joie qu'il ne put dissimuler : il causa familièrement avec nous jusqu'à l'heure du dîner; lorsqu'on servit, nous nous levâmes pour nous retirer, mais il ne voulut pas y consentir et nous fit même promettre de venir tous les jours manger à sa table. Nous nous assîmes à une place d'honneur; on introduisit plusieurs grands personnages, et nous fûmes bien agréablement surpris en voyant paraître les princesses suivies de quelques courtisanes d'une beauté merveilleuse : nous admirâmes la majesté de leur port et la finesse de leur physionomie ; nous avions vu de jolies femmes depuis notre entrée en Abyssinie, mais celles-ci étaient belles. Leur costume se composait d'une chemise de toile de coton brodée en soie au collet et au bas des manches et d'une grande toile blanche, avec une bordure rouge, qui les enveloppait entièrement. Elles portaient des bracelets en argent, avaient aux jambes de grands anneaux du même métal, et leurs mains étaient ornées de bagues qui ne dépassaient pas la seconde phalange des doigts ; avant d'entrer, elles déposèrent leurs souliers à la porte. Oubi était lui-même nu-pieds ; son costume ne se composait que d'un caleçon très court, d'une ceinture d'une longueur démesurée et d'une toile très fine sortie des ateliers de Gondar. Il ne portait rien à la tête. Les courtisanes étaient accompagnées de leurs soubrettes qui se tinrent debout derrière elles tout le temps du repas.

Dès que tous ceux qui devaient participer au festin furent introduits et que chacun eut pris sa place, on apporta le pain dans de grandes corbeilles ; on servit plusieurs plats composés de farine de fèves ou de pois chiches et de piments broyés et délayés dans de l'eau; ce mets, qu'on appelait *cheuro*, et que les Abyssiniens trouvaient délicieux, nous brûlait le palais de la bouche. Bientôt on nous arma de grands couteaux et on nous présenta une énorme portion de bœuf cru que nous mangeâmes comme les autres et qui nous parut bien meilleur que nous ne l'avions supposé d'abord. Oubi, qui savait que les Européens ne mangent pas de broundou, avait eu l'attention de nous faire présenter des côtelettes noircies à une flamme ardente et qu'on disait être rôties; il avait sans cesse les yeux sur nous et nous excitait souvent à manger : il nous prépara lui-même quelques bouchées qu'il nous offrit de sa propre main; c'était, nous dit-on, une faveur insigne. La table était servie par les principaux courtisans.

Quand tout le monde fut rassasié, on enleva les débris, et alors seulement on commença à boire. L'hydromel, le vin et l'eau de vie furent généreusement distribués. A l'exception des prêtres qui se servaient de grandes cornes dans la forme de nos verres ordinaires, tous les convives buvaient dans des breullis au ventre arrondi et au long cou. Nous étions arrivés fatigués, poudreux, et nous nous étions immédiatement présentés chez le roi ; nous avions besoin de repos et nous nous retirâmes d'assez bonne heure. Oubi nous répéta qu'il comptait nous voir tous les jours, et il chargea, en outre, un de ses hommes de nous envoyer, chaque matin, dix pains et deux chèvres ou un bœuf ; ses ordres furent ponctuellement exécutés.

Le 17, l'armée changea de position, et nous nous rapprochâmes d'Adoua. Ce jour-là, le repas fut brillant de convives, de liqueurs, de musique et de chants. D'énormes pièces de broundou étaient distribuées à la ronde, et un des premiers personnages fut chargé de nous en présenter un morceau choisi qu'il tint lui-même devant nous jusqu'au moment où il nous plut de le renvoyer. A la fin du dîner, un prêtre improvisa un discours qui roula entièrement sur la politique du jour ; il éleva jusqu'aux nues la valeur d'Oubi qu'il comparait souvent au poivre noir (*Déjaj-Oubi enda toucour barbari*[1]). Le gouverneur d'Agguéla, celui qui nous avait protégés dans notre affaire d'Emni-Harmas, était à la tête des troubadours ou plutôt des histrions : échauffé, comme la plupart des convives, par le mélange des li-

[1] « Le général Oubi est comme du poivre noir. »

queurs, il avait l'air d'un véritable possédé en remplissant son double rôle de ménétrier et de chanteur; il paraissait agité d'une sainte fureur, et nous pensâmes que ce n'était pas sans raison qu'on lui reprochait d'être plus passionné pour la musique que pour les combats. Nous vîmes encore dans cette fête une troupe de femmes, véritables *virago* qui s'étaient donné pour mission d'exciter les guerriers durant le combat et qui venaient ensuite dans les réunions pour chanter leur gloire ou leur reprocher leur lâcheté.

Comme on nous l'avait annoncé à Adoua, l'armée souffrait du manque de pain, et à l'exception du prince et des grands qui, eux-mêmes, s'étaient mis à la ration, on n'en mangeait guère dans le camp. Chaque soir, le cri de *Sghïo* (Dieu), parti de la hutte la plus misérable, et aussitôt répété par tous les soldats, se répandait comme un vent impétueux à travers une immense forêt, et quelquefois, pour se délivrer de ce bourdonnement lugubre, Oubi permettait à ses troupes d'aller piller les villages voisins qu'il leur sacrifiait, comme on jette un morceau de pain à un chien hargneux pour l'empêcher d'aboyer.

Comme nous l'avons observé déjà, nous avions formé le projet de pénétrer dans le royaume de

Choa; nous étions alors sur les frontières du pays de Lasta, et nous résolûmes de mettre aussitôt notre plan à exécution : nous nous rendîmes chez le prince, suivis de notre interprète, et après lui avoir fait part de notre détermination, nous lui demandâmes un homme pour nous conduire jusque chez Aligas-Farés, roi de Lasta ; mais Oubi nous détourna de notre dessein, en nous faisant entrevoir les dangers inévitables dont nous étions menacés; le pays n'était pas encore entièrement soumis, et les habitants, réduits à une misère extrême, nous auraient infailliblement dépouillés en route; un guide du prince, loin de pouvoir nous protéger, devait, au contraire, nous exposer à de plus grands périls, car les peuplades du Tigré abhorraient leur vainqueur. Nous nous laissâmes persuader par des raisons que nous crûmes dictées par le seul intérêt qu'on nous portait : il fut décidé que nous retournerions à Adoua avec le prince, et que nous tenterions notre voyage par une autre voie.

Avant de revenir sur nos pas, nous allons parler encore du costume des Abyssiniens et de quelques usages de leur pays : le vêtement des hommes se compose d'un caleçon collant qui ne dépasse jamais le genou; d'une ceinture et d'une toile dont ils se drapent à la romaine et qui diffère de finesse et de beauté, selon l'importance ou la fortune des individus. Il est, en Abyssinie, trois classes d'hommes : les soldats, les agriculteurs et les commerçants ; leur costume est le même ; les gens de guerre seulement jettent sur leurs épaules la peau de mouton dont nous avons parlé. Les grandes dames, les musulmans et quelques prêtres portent des souliers, le reste de la population va nu-pieds ; tout le monde a la tête découverte, excepté les musulmans et les prêtres chrétiens, qui s'affublent d'un turban d'un goût ridicule : la toile des moines est ordinairement de couleur jaune, et ils ajoutent une tunique au costume déjà décrit : une toile et une chemise composent le vêtement des femmes : en voyage, les dames de condition portent un long caleçon avec des broderies en soie rouge et bleue. Celles qui sont obligées d'aller à pied font de leurs toiles une espèce de jupon court à plis flottants et retenu à la taille par une ceinture blanche. Les princesses et quelques courtisanes se couvrent de manteaux de drap ornés de riches broderies ; ils ont la forme des capes dont nos prêtres se revêtent dans les grandes cérémonies. Lorsque ces femmes sont obligées de paraître en public, elles sont voilées jusqu'aux yeux et elles ont le front ceint d'une bandelette en dentelle; elles ne se cachent ainsi que dans la crainte du *mauvais œil*. Pour rendre leurs cheveux plus moelleux, les hommes et les femmes se couvrent la tête de beurre frais, ils en répandent aussi sur leur corps pour adoucir la peau et l'empêcher de se rider : quand la civilisation aura pénétré dans ces contrées lointaines, on y fera une immense consommation de pommades et d'huiles parfumées.

Les Abyssiniens prisent beaucoup, et petits et grands se mouchent avec les doigts ; les dames se servent quelquefois des toiles de leurs soubrettes ou de leurs domestiques comme de mouchoir, et ceux-ci, loin d'en être fâchés, en paraissent au contraire très flattés. On fume le *matetcha*, espèce de narghilé grossier qu'on trouve aussi dans l'Arabie. Le toumbac d'Abyssinie est excessivement fort. Les princes demandaient souvent du tabac à notre interprète, qui en réclamait d'eux à son tour lorsqu'il les voyait priser ou fumer.

Lorsqu'on reçoit une personne, on est libre de la congédier sous un prétexte quelconque, sans qu'elle ait le droit de s'en formaliser, et ce n'est pas une raison pour l'empêcher de revenir. Les visiteurs ne se retirent jamais sans en avoir demandé la permission, qu'on leur accorde toujours sans chercher à les retenir. Lorsqu'un inférieur se présente devant son supérieur, il découvre ses épaules en signe de respect. Les Abyssiniens qui se revoient après une absence se baisent à la bouche. La coutume si répandue et si ancienne de saluer quand on éternue se retrouve encore chez ce peuple. Lorsque les Abyssiniens vous demandent une grâce, une faveur, ou vous font une invitation, c'est toujours au nom de Marie; ce mot est continuellement dans leur bouche.

Les Abyssiniens disent que la race blanche est supérieure à la race noire : les chefs eux-mêmes croient que leur couleur est celle des esclaves. « Nous sommes noires, » nous répétaient souvent les femmes ; « que votre peau blanche est belle ! » Et assis un jour à côté de nous, dans la tente d'Oubi, le grand-prêtre du Séména nous disait : Nous autres, Africains, nous sommes pétris de terre ; mais vous, blancs, vous êtes formés d'une matière particulière ; où trouver un limon assez pur pour faire une aussi belle chair ? »

Il a déjà été question de la superstition du mauvais œil ; mais nous ajouterons que nulle part elle ne nous a paru si exagérée que dans le camp d'Oubi. Comme on suppose que c'est surtout lorsqu'on agit qu'on attire les regards de ceux qui vous entourent, le prince ne pouvait pas faire un mouvement qu'on ne s'empressât de le cacher à tous les yeux; qu'il bût, qu'il mangeât, ou seulement qu'il crachât, on l'enveloppait aussitôt d'un voile, et le gombo lui-même, dans lequel on puisait son hydromel, était couvert d'une toile, comme si quelque malin regard eût été capable d'empoisonner cette boisson.

Les Abyssiniens aiment beaucoup les choses irritantes, leurs plats sont toujours poivrés et épicés, et ils ne mangent rien de fade ni de doux; ce goût s'explique facilement dans un pays chaud, où le corps, affaibli par les transpirations continuelles, a besoin d'une nourriture excitante pour ne pas trop perdre de sa vigueur.

Le 21 mai, on leva le camp, et nous revînmes au pied de la montagne de Devra-Damô. Après nous être reposés quelques instants, nous fîmes une visite au fils du roi de Gondar qui accompagnait Oubi dans ses expéditions : il habitait une tente mesquine et il était couché sur une peau de bœuf. Nous fûmes étonnés de voir qu'un homme devant lequel le prince du Sémén se levait par respect était si misérable; mais notre surprise augmenta lorsque ce prince déchu nous montra les courtisanes et quelques unes des princesses logées dans des huttes pareilles à celles qu'Oubi faisait construire tous les jours pour ses chiens. On aura peine à croire qu'un homme aussi puissant que le conquérant du Tigré comprît si peu la dignité royale.

Le même jour, nous achetâmes une mule. Bethléem, qui connaissait mieux que nous les coutumes du pays, et qui était devenu notre factotum, se chargea de faire remplir les formalités voulues en pareille circonstance; il fit approcher des témoins, et, en leur présence, nous jurâmes par la vie du prince, nous, que nous voulions acheter, et l'Abyssinien, qu'il consentait à vendre; si l'on néglige de prendre ces précautions, on évite rarement des disputes, après qu'on croit avoir terminé ces sortes d'affaires. Une selle en bois à la bédouine, couverte d'une peau tannée, un mauvais tapis et une bride passable composent le harnachement d'une monture abyssinienne. Les cavaliers sont dans l'habitude de ne passer que l'orteil dans leurs étriers, qui sont, en général, fort étroits. Leurs mules et leurs baudets sont presque tous blessés,

Le 22, nous partîmes de Devra-Dâmô, et nous arrivâmes à Sariro. Aux repas du prince, nous avions remarqué que l'hydromel était la boisson de tous les jours; mais le vin et l'eau de vie étaient réservés pour les grandes occasions. Dans cette contrée, le plus grand luxe de la table consiste en pain [1], et quoique la disette se fît sentir dans le camp, la table d'Oubi en fut toujours abondamment pourvue. Après le dîner de Sariro, le roi, qui boit ordinairement beaucoup, se trouva surpris par le besoin d'uriner; sans se déconcerter, il parla à l'oreille de l'un de ses pages, qui lui apporta une espèce de marmite en cuivre; deux hommes de sa suite lui firent un rideau de leurs toiles, et, sans quitter son sarir, entouré de tous les convives parmi lesquels on voyait, comme de coutume, les courti-

[1] Les Abyssiniens font du pain (*angéra*) avec toutes sortes de farines : la *dagoussa*, le doura, le maïs, l'orge, le blé, les pois-chiches, et même les lentilles, leur servent à cet usage; mais le *tèf*, dont le grain est aussi petit que celui du millet, est leur céréale de prédilection : ils font partout ce qu'ils appellent la *tabita*, qui, dans la forme, ressemble à nos crêpes, ils délaient leur farine dans beaucoup d'eau et la laissent fermenter jusqu'à ce qu'elle soit aigre, ils vident ensuite leur pâte sur un plat en terre cuite, et, dès que le feu l'a saisie, ils la retournent et l'enlèvent presque aussitôt. Ils ont encore une autre sorte de pain qui imite le nôtre, et qu'ils désignent sous le nom d'*enbacha* et de *hébicht*; ils n'emploient, pour ce pain, que la farine d'orge ou de blé; mais, comme les Abyssiniens pétrissent fort mal, et que, d'ailleurs, ils n'ont pas de four, leurs hébichts ne sont jamais qu'une pâte mal cuite et très pesante.

sanes et les princesses, Oubi satisfit son besoin sans que personne en eût l'air étonné, et le même fait se représenta plusieurs fois avant notre arrivée à Adoua.

En sortant de la demeure d'Oubi, nous rentrâmes dans la hutte, que nous faisions construire chaque fois que nous changions de station, et que nous avions préférée à une tente abyssinienne. Bientôt après, nous reçûmes la visite d'un soldat, qui manifesta le désir de nous parler en particulier. L'ancien cuisinier de Bethléem, que nous avions trouvé au camp, et qui se trouvait alors avec nous, demeura pour nous servir d'interprète. Dès que nous fûmes seuls, l'homme au mystère nous révéla confidentiellement qu'une épouse qu'il aimait éperdument venait de l'abandonner, séduite par un autre. « Je n'ai rien à me reprocher, » nous dit-il, « j'ai tout fait pour lui plaire, et cependant je suis dédaigné; mon cœur est malade, et si, dans peu de jours, elle ne m'est pas rendue, je sens que j'en mourrai; j'ai donné ma mule à un sorcier du pays, qui m'avait promis de faire revenir ma femme, et il m'a trompé; ce n'est pas ma mule que je demande; si je retrouvais ma femme, je ne regretterais rien; » et, en parlant ainsi, il nous baisait les pieds et les mains, et nous suppliait d'employer quelque sortilége, d'invoquer le diable, auquel il était prêt à livrer son ame, pourvu qu'on lui rendît sa femme. Peu faits encore aux idées superstitieuses des Abyssiniens, nous écoutions cet homme avec surprise; car il ne nous paraissait pas croyable qu'il pût sérieusement compter sur de semblables moyens de réussite; nous lui déclarâmes notre impuissance, et il nous quitta désespéré. Ce fait contribua à nous fortifier dans notre opinion sur l'amour abyssinien, qu'on rencontre quelquefois chez les hommes et presque jamais chez les femmes.

Nous passâmes de Sariro à Dagassonné : la misère se faisait de plus en plus ressentir, et les soldats, ne trouvant plus de village à piller, commençaient à voler dans le camp. Pendant le dîner, un homme vint se plaindre qu'un soldat lui avait dérobé une vache; Oubi ordonna aussitôt de saisir le coupable, qu'on amena près de lui. Le larcin ayant été prouvé, le voleur fut condamné à avoir le pied coupé, et la sentence fut exécutée sur-le-champ, à la porte de la tente qu'on avait laissée ouverte; nous détournâmes les yeux avec horreur, nous nous attendions à des cris lamentables ; mais nous n'entendîmes pas une seule plainte de la part du patient ; et, quand l'exécution fut terminée, on vint montrer au prince le pied séparé de la jambe : rien ne fut changé aux dispositions du repas. Cette justice est terrible, sans doute ; mais, nous l'avons déjà dit, elle est nécessaire chez des peuples qui, moralement morts, ne peuvent être flétris que dans leur chair.

Un moment après, une nouvelle accusation, qui nous effraya d'abord, vint, au contraire, faire diversion à la scène affreuse dont nous venions d'être témoins : un soldat vint encore demander justice d'un larcin commis dans sa tente ; mais le prince, plus clément après la première exécution, ne voulut pas renouveler un spectacle sanglant, et il renvoya le plaignant, parce que, disait-on, il était assez riche pour supporter le vol dont il était victime.

Dagassonné était devenu le théâtre des exécutions ; nous y séjournâmes le lendemain, et le roi qui, depuis plusieurs jours, recevait continuellement des plaintes contre quelques uns de ses pages, qui traitaient tout le monde avec cette insolence qui caractérise les gens de leur condition, résolut de les faire châtier publiquement pour rabaisser un peu leur fierté; il les condamna à recevoir un certain nombre de coups d'étrivières sur leurs épaules nues, et si l'exécution de la veille avait trouvé les spectateurs impassibles, celle-ci excita une gaîté générale : la tente était ouverte à *deux battants*; plusieurs soldats étaient rangés sur deux files, armés chacun de l'instrument du supplice, et les pages, dépouillés jusqu'à la ceinture, etaient obligés de passer et de repasser entre les rangs pour être fustigés; un homme était chargé de compter les coups qui pleuvaient sur les épaules de ces malheureux qui poussaient des cris horribles; les fouets sifflaient, et les soldats frappaient d'autant plus fort que des applaudissements universels accompagnaient ordinairement un coup bien appliqué. Depuis le commencement, les victimes criaient merci; mais le prince, qui paraissait impitoyable, ne retrancha rien de la sentence, et les pages châtiés, sinon corrigés, se retirèrent couverts de sang.

Le 25, nous quittâmes Dagassonné pour venir camper dans une enceinte de montagnes pittoresques, arrosée par le ruisseau de *Maï-Carbahara*. De là nous apercevions encore, directement à l'est d'Adoua, le village d'Aougher, perché sur la montagne qui dominait toutes les chaînes environnantes : nous demeurâmes plusieurs jours dans ce lieu. Les Abyssiniens ont le gibier en horreur : le roi, qui avait appris que nous étions moins difficiles que ses sujets, nous envoyait tous les jours les oies et les canards sauvages que ses soldats tuaient à la chasse, et qu'ils venaient lui présenter en témoignage de leur habileté ; il disait lui-même que ces oiseaux étaient un mauvais manger.

Oubi, qui ne négligait rien pour se procurer des armes à feu, avait formé le projet d'envoyer Bethléem au Caire en ambassade : l'Arménien devait être chargé de demander au consul anglais les fusils que M. Coffin avait déposés à Arkéko, et qui étaient destinés au roi du Tigré : dans le cas de refus, Bethléem devait entrer en négociation avec Mohammed-Ali. Oubi n'ignorait pas que, depuis la mort d'Ismaël-Pacha, brûlé à Chendy, lors de la conquête du Sennâr, le vice-roi d'Égypte, excité par le désir de la vengeance, serait disposé à de grands sacrifices pour avoir en sa possession le chef Némer, qui était à la tête du complot formé contre la vie de son fils. Lorsque Mohammed-Ali se fut emparé de la Nubie, ce Némer s'était réfugié en Abyssinie, et le roi du Sémén, après l'avoir généreusement accueilli, devait faire proposer au pacha, par l'entremise de Bethléem, de lui livrer son ennemi pour un certain nombre de fusils. Oubi, qui désirait ardemment posséder un plus grand nombre d'armes à feu avant d'attaquer le ras d'Abyssinie, dont il ambitionnait, disait-on, le poste élevé, résolut de faire partir aussitôt l'Arménien ; et, après avoir reçu à Carbahara les dernières instructions du prince, Bethléem nous quitta.

Dans la réunion qui eut lieu avant le départ de l'ambassadeur, nous effrayâmes, bien innocemment, l'une des courtisanes; elle tenait à la main une tresse de ses cheveux que nous lui enlevâmes en riant; mais elle prit tout à coup un air sérieux, et nous supplia, avec une expression d'inquiétude que nous ne comprenions pas, de lui remettre sa tresse : nous refusâmes d'abord de la satisfaire, et comme elle cherchait à nous la reprendre par ruse, nous voulûmes la renfermer dans notre portefeuille, mais elle manifesta alors un effroi si grand, une douleur si vraie, que nous lui rendîmes aussitôt ses cheveux, en lui demandant la cause de sa terreur ; et nous fûmes bien étonnés lorsqu'elle nous répondit, encore toute tremblante, qu'elle avait craint de notre part quelque noir maléfice. Oubi, qui, ce jour-là, paraissait tout joyeux, nous proposa de choisir deux épouses dans le groupe qui nous environnait; et, pour engager les *princesses* à nous accepter pour maris, il leur disait qu'avec nous elles seraient et bien vêtues et bien nourries. Le soir, nous vîmes paraître la lune nouvelle; dès que les Abyssiniens l'aperçurent, ils s'empressèrent de ceuillir des fleurs sauvages ou de la verdure qu'ils placèrent sur leur tête, et les yeux fixés sur la reine des nuits, ils demandèrent à Dieu un heureux mois. C'est encore un léger reste de l'adoration des astres.

Nous ne partîmes de Carbahara que le 9 juin, et, le même jour, nous arrivâmes d'assez bonne heure à Mariam-Chaouïtou. L'armée diminuait insensiblement; la campagne était finie; tous les jours, quelques détachements se séparaient du prince et se rendaient dans leurs foyers pour y passer l'hiver; la misère était à son comble, et le cri de Sghio se répétait souvent avec une expression lamentable: comme ordinairement, les soldats se plaignaient en vain, ils se serraient fortement le ventre avec leur ceinture, et l'on prétendait qu'ils pouvaient ainsi attendre deux et trois jours sans manger et sans trop souffrir.

Le 10, on séjourna à Mariam-Chaouïtou pour

se préparer à entrer magnifiquement à Adoua, et, le lendemain, on se remit en marche avec un peu moins de désordre que d'habitude : l'armée avait étalé tout son luxe, toutes les toiles étaient d'une blancheur éblouissante ; les soldats de l'état-major étaient parés de petits manteaux de velours rouge, qui se terminaient par des lisières artistement découpées, flottantes au vent et au galop du cheval. Le roi était lui-même tout rouge ; il tenait à la main un élégant parasol de nos pays en soie verte ; les guerriers d'importance portaient, au bras droit, un brassard en cuivre doré, d'un goût admirable ; les prêtres étaient bariolés de soie, la musique retentissait avec un fracas épouvantable ; du sommet des chaînes qui dominaient la route, des cris de joie venaient se marier à la musique discordante de l'armée. Les princesses étaient entourées de courtisanes et de leurs nombreuses suivantes : à leur costume de tous les jours, elles avaient ajouté un riche collier d'amulettes renfermées dans des étuis d'argent, et deux d'entre elles portaient, au milieu du front, une aigrette du même métal. Leurs toiles, qui étaient d'une finesse exquise, avaient une large bordure en soie.

Dès que nous fûmes arrivés dans la grande

plaine qui précède Adoua, les cavaliers firent caracoler leurs coursiers autour du groupe qui renfermait le roi, ils luttèrent d'adresse et d'agilité, et ces hommes, avec leur manteau rouge, leur tête nue et leur physionomie sauvage, nous offrirent un spectacle bien nouveau pour nous. Les prêtres et les vieilles femmes de la ville vinrent au devant d'Oubi, qui s'était arrêté un moment dans la plaine; on exécuta des danses, et l'on improvisa des chansons à sa louange : on le félicita, et l'on feignit d'être joyeux. Bientôt après, le roi entra dans Adoua, toujours précédé d'une bannière rouge qui avait la forme d'un grand chapeau chinois; et, suivi d'une foule immense, il alla prendre possession de son palais de chaume bâti sur les hauteurs de la ville.

IX.

SOMMAIRE.

Changement de domicile. — Un banquet abyssinien. — Chasse à l'hyène. — Le roi veut nous retenir. — Pluies périodiques. — Oubi ne respecte pas les asiles sacrés. — Description d'Axoum. — Ignorance et orgueil des prêtres. — Renseignements historiques. — Un meurtre. — Justice du pays. — Diverses maladies qui affligent les Abyssiniens. — Le tænia. — Rapport de M. Brayer, médecin français. — Le dragonneau. — Douleurs rhumatismales. — Goîtres. — Fièvres. — Epilepsies. — Superstition des Abyssiniens au sujet de ce mal. — Maladies vénériennes. — La lèpre. — Le choléra. — Blessures et amputations.

CHAPITRE IX.

Mécontents de notre vieux domestique, qui avait voulu nous marier malgré nous, nous refusâmes d'habiter sa maison en rentrant à Adoua, et l'on nous procura un nouvel appartement dont nous payâmes le loyer pour quinze jours. A peine avions-nous pris possession de notre gîte, qu'Oubi nous envoya son maître de cérémonie pour nous inviter au grand banquet qu'il allait donner pour célébrer le succès de son expédition. Nous nous rendîmes aussitôt chez lui : tout le monde était en mouvement, un grand concours de personnes travaillant aux préparatifs de la fête allait et venait, se confondait et s'embarrassait en se querellant : la première cour que nous traversâmes était rouge du sang des victimes immolées pour le festin, et l'on voyait encore les sacrificateurs occupés à écorcher et à dépecer les bœufs qu'on devait manger crus. Plusieurs gardes étaient postés à la grande porte d'entrée pour empêcher la populace qui s'était agglomérée autour du palais de pénétrer dans l'intérieur; nous vîmes arriver une troupe de femmes chargées chacune d'un gombo d'une dimension extraordinaire; bientôt après, parut la bande joyeuse des histrions superbement harnachée. Tous les guerriers de haut parage, qui devaient assister au banquet royal, se présentèrent dans tout l'éclat de leur costume; les princesses et les courtisanes, marchant avec lenteur et dignité, entrèrent les dernières, et nous pénétrâmes en foule dans la seconde cour, où trois longues tables dressées l'une à la suite de l'autre attendaient les convives. Le grand sarir du roi s'élevait à l'une des extrémités, et les tables qui partaient de ses pieds s'allongeaient encore en dehors des trois tentes : elles étaient couvertes d'une montagne de pain, formant une longue enceinte ou plutôt une vallée dans laquelle se pressaient pêle-mêle et sans symétrie des plats de viande et de cheuro bien capables de tenter l'avidité des Abyssiniens. On prit place : d'énormes pièces de bœuf cru et de mouton rôti furent généreusement distribuées à tous les convives ; la bière et l'hydromel coulaient à grands flots : comestibles et boissons, tout fut prodigué avec une profusion vraiment royale : ce festin nous rappela, sinon par la qualité, du moins par la quantité, le repas de noces de Gamache et de Quitterie, et les Sancho y étaient nombreux. Le banquet se prolongea bien avant dans la nuit; on chanta à étourdir tous les convives, les musiciens tourmentaient leurs instruments et suaient à grosses gouttes; les bouffons, qui, pour la plupart, étaient ivres, exécutaient des pantomimes grotesques et indécentes ; les orateurs s'enrouèrent, les poètes improvisèrent des hymnes qui furent applaudis de tous ceux qui ne les avaient pas écoutés, tout le monde se mit en frais, et, vers la fin, le désordre et le brouhaha furent tels qu'on ne s'entendait plus.

Il était fort tard quand nous rentrâmes chez nous : nous sortîmes de la tente du prince avec un homme nommé Ouerki, issu d'une Abyssinienne et d'un Constantinopolitain. Nous l'avions déjà vu dans le camp, et comme il parlait parfaitement l'arabe, il s'était lié avec nous : il nous proposa une partie de chasse à l'hyène. Nous avions besoin de repos, nous refusâmes, et malgré le regret que nous eûmes alors de ne pouvoir nous joindre à lui dans cette circonstance, nous eûmes lieu plus tard de nous féliciter d'avoir été fatigués. Ouerki sortit seul de la ville, armé d'un fusil à deux coups que nous lui avions prêté : il alla se poster sur les bords du ruisseau d'Assa, et, trompé par les ténèbres, il tira sur un homme qu'il avait aperçu accroupi à une certaine distance. Un cri plaintif, bien différent du hurlement qu'il avait attendu, lui révéla sa malheureuse erreur ; il courut aussitôt vers la victime ; mais elle ne donnait plus aucun signe de vie. Ouerki, désespéré, attendit le jour avec impatience ; avant l'aurore, il se rendit vers la demeure d'Oubi pour lui confesser son crime involontaire. Heureusement pour lui le mort se trouvait sans famille, on le disait sorcier, et il ne jouissait pas d'une excellente réputation : Oubi prétendit que le chasseur ne s'était pas trompé, et que le magicien avait sans doute pris la forme d'une hyène lorsqu'il avait été frappé, et que par conséquent l'erreur d'Ouerki était toute naturelle; il fut donc arrêté que le meurtrier, dont l'intention ne pouvait être suspectée, en serait quitte pour la somme de 30 talaris qu'il paya au gouvernement.

Le prince continuait à nous traiter avec les plus grands égards; mais quelques mots échappés à l'un de ses pages nous révélèrent la véritable cause de ses prévenances et de ses attentions; nous sûmes qu'il avait formé le dessein de nous retenir près de lui, et l'on disait même qu'il était décidé à employer la force si elle était nécessaire. Dès ce moment, ses faveurs, qui nous avaient d'abord flattés, nous devinrent odieuses, et nous sentîmes s'évanouir la reconnaissance qu'il nous avait inspirée par sa générosité. Depuis quelque temps, nous regrettions nos courses solitaires et libres, qui avaient pour nous tant de charmes; nous étions impatients de recommencer notre vie d'aventure, et ce désir était devenu plus vif depuis que nous savions qu'on avait résolu de porter atteinte à notre liberté; nous feignîmes néanmoins d'ignorer les intentions du prince, et notre conduite fut toujours la même, quoique nous ne fussions plus occupés que de la pensée de notre départ.

Les pluies périodiques qui alimentent les rivières de l'Abyssinie et viennent ensuite, par le Nil, féconder les champs de l'Égypte, commencent aux mois d'avril et de mai, et permettent alors d'ensemencer les terres durcies par une longue sécheresse. Aux mois de juin, juillet et août, elles tombent tous les jours, souvent accompagnées de grêle; elles se prolongent encore tout le mois de septembre, et il est à remarquer qu'elles ont plus de durée à mesure qu'on avance vers le sud; elles sont même plus abondantes : et, en revenant à Massaouah, du côté du nord, nous fûmes souvent inondés, et pourtant nous n'étions encore qu'au mois de mars. A l'époque des pluies, les matinées sont ordinairement belles, le ciel est pur et serein, et ce n'est jamais que dans l'après-midi que l'orage se forme et éclate.

Nous étions dans le mois de juin, et les averses étaient journalières : on était généralement persuadé que le prince ne tarderait pas à se rendre dans le Sémén pour y passer le temps des pluies, mais nous ne partagions pas l'opinion des Abyssiniens, et rien, en effet, n'indiquait un prochain départ. Oubi venait de conquérir le Tigré, et sa puissance était loin d'y être affermie : les fils de Saba-Gadis, qui n'avaient pas encore fait leur soumission, n'auraient pas manqué de profiter de l'absence de leur ennemi pour rentrer dans leurs droits, et le roi du Sémén était trop habile pour ne pas sentir toute l'importance de son séjour à Adoua. Aussi étions-nous fermement persuadés qu'Oubi passerait non seulement l'hiver dans le Tigré, mais qu'il y resterait encore tout le temps nécessaire pour y assurer sa domination : d'ailleurs, il n'ignorait pas qu'il avait excité un mécontentement presque universel en ordonnant le pillage de la ville d'Axoum, regardée depuis longtemps comme un asile inviolable, et de celle d'Adoua qu'il avait lui-même déclarée sacrée[1].

[1] L'institution des lieux de refuge remonte à la plus haute antiquité : les premiers asiles furent établis à Athènes par les descendants d'Hercule ; les autels, les tombeaux, les statues des héros étaient, dans l'antiquité, la retraite la plus ordinaire de ceux qui étaient pressés par la rigueur des lois ou opprimés par la violence des tyrans ; les temples étaient des asiles inviolables : Dieu avait lui-même ordonné aux Israélites d'avoir six villes pour servir de refuge aux malheureux (Deut., 19, Numer., 35). Trois de ces villes étaient à l'abri du pillage et de toute vexation : elles devaient être dans la terre de Chanaan, et trois au delà du Jourdain. Les empereurs Honorius et Théodose accordaient l'impunité de leurs crimes aux scélérats qui s'étaient réfugiés dans les églises ; et, dans la suite, les évêques et les moines s'emparèrent d'une portion de territoire au delà duquel ils assignèrent des bornes à la juridiction séculière ; ils avaient établi si loin leurs exemptions, que les couvents s'éri-

Toutes ces considérations nous faisaient supposer, avec juste raison, que le prince n'abandonnerait pas ses nouvelles conquêtes dans un temps si peu opportun, pour se rendre dans le Sémén que personne ne songeait alors à lui disputer.

Nous étions impatients d'abandonner le Tigré,

geaient en forteresses, où le crime était à l'abri de toute poursuite et bravait la puissance du magistrat.

Sous la première race de nos rois, le droit d'asile, dans les églises, était sacré, et les conciles des Gaules en recommandaient expressément l'observation : ce droit s'étendait jusqu'aux parvis des temples et aux maisons des évêques : les criminels avaient la permission de faire venir des vivres, et, on ne pouvait s'y opposer sans porter atteinte à l'immunité ecclésiastique. On n'obligeait les coupables à sortir de ces lieux qu'après qu'ils avaient reçu une assurance juridique de leur vie, et de la rémission entière du crime qu'ils avaient commis. L'asile le plus respecté en France était l'église de Saint-Martin, aux portes de Tours; on n'aurait osé le forcer sans se rendre coupable d'un sacrilége très scandaleux. On avait fait un usage si odieux de ces lieux de refuge, institués, dans le principe, pour les malheureux que le hasard ou la nécessité exposait à la rigueur des lois, qu'on se vit obligé de les supprimer. Plusieurs rois de France avaient rendu des édits pour enlever ces priviléges aux églises; mais, en dépit de leurs efforts, ils se perpétuèrent jusqu'à François Ier, qui les détruisit entièrement. Quelques villes d'Allemagne ont conservé longtemps ce droit d'asile, et plusieurs églises d'Espagne sont encore des refuges inviolables. Oubi avait senti la nécessité de ne plus respecter ces retraites, dont ses ennemis abusaient : non seulement ils trouvaient le moyen de s'y soustraire à sa vengeance, mais les habitants des pays conquis parvenaient encore à affamer son armée en venant y déposer toutes leurs richesses, qui consistent principalement en céréales : à son retour d'Agami, ce prince s'était vu contraint de braver tous les préjugés reçus, et de faire piller ces asiles; néanmoins, malgré la justice de sa cause, la superstition des Abyssiniens était telle, que personne, à l'exception de ceux qui avaient profité du butin, n'approuvait sa conduite.

et, persuadés qu'Oubi s'opposerait à notre départ s'il en était informé, nous résolûmes d'agir de ruse, et l'un de nous, feignant d'être indisposé, se rendit à Axoum sous prétexte de changer d'air. Celui qui était resté près d'Oubi ne tarda pas à apprendre que le prétendu mal de son compagnon s'aggravait; on lui permit, sans difficulté, d'aller le visiter, et nous nous trouvâmes ainsi réunis loin du prince, nous occupant à terminer ensemble nos préparatifs de voyage pour tenter une évasion.

Axoum est la plus jolie ville du Tigré : son enceinte sacrée est délicieuse de fraîcheur et d'ombre; au centre s'élève son église, la plus remarquable de l'Abyssinie, quoiqu'elle soit même inférieure à nos greniers ordinaires. La description qu'en a donnée Salt dans sa relation est fort exagérée, et Bruce nous a paru beaucoup plus exact. Cet édifice est dominé par d'énormes sabines et d grands oliviers, assemblage le plus heureux que la nature ait pu fournir au christianisme; toute l'enceinte est couverte de ces arbres qui soutiennent des treilles. Les maisons d'Axoum ont la forme d'un cylindre surmonté d'un cône; cette ville, couchée au pied d'une montagne qui l'abrite, semble se reposer dans un calme profond, depuis que les rois ont cessé d'en faire leur capitale. A l'est de l'église, on aperçoit, auprès d'un arbre immense et bien vert, un obélisque élancé et hardi, haut squelette contrastant admirablement avec la fraîcheur de cet arbre massif. Quelques piliers, qui n'ont rien d'intéressant, et deux autres obélisques pareils à celui qui se tient encore debout, gisent brisés sur le sol. C'est tout ce qu'Axoum possède encore de remarquable comme antiquités. Les tables et les débris du trône dont parlent les autres voyageurs n'offrent rien de curieux. La plupart des maisons renferment des puits.

Nous reçûmes dans cette ville une hospitalité brillante, que nous ne dûmes peut-être qu'au voisinage du prince, dont on nous disait les amis. Nous fûmes souvent visités par des prêtres dont l'ignorance et l'orgueil nous donnèrent une triste idée du clergé abyssinien. Leur supérieur, qui avait la prétention de descendre de l'un des principaux Israélites qui accompagnèrent Ménilek à son retour de Jérusalem, ne justifiait, en aucune manière, son titre de chef dont il faisait parade. Pour utiliser notre séjour à Axoum, nous accablâmes de questions toutes les personnes qui nous approchèrent : les prêtres nous parlèrent beaucoup de leur séminaire, qui renferme une cinquantaine de jeunes gens de la ville et des environs, et dont les études consistent à apprendre à lire les livres saints qu'ils possèdent en langue éthiopique. Tous ces enfants sont destinés au sacerdoce ou à d'autres fonctions subalternes, mais d'église: on nous vanta beaucoup l'importance de ce collége; mais ceux qui le dirigeaient nous parurent si incapables, que nous ne pûmes en concevoir une haute opinion. Ce que nous recueillîmes de plus précieux à Axoum fut les renseignements historiques que nous donna un *deftéra* [1] qui ne nous quittait presque jamais; il possédait une grande quantité de manuscrits et connaissait toutes les traditions de son pays: il se montra avec nous d'une complaisance et d'un désintéressement rares, et c'est à lui que nous devons, en grande partie, ce que nous avons écrit sur l'histoire d'Ethiopie.

Si l'église d'Axoum est presque dénuée d'ornements, une chapelle dédiée à *Sellaté-Moussé*, qui s'élève dans l'enceinte sacrée, en est, au contraire, surchargée. Cette sainte, pour qui les Abyssiniens ont la plus grande vénération, était issue de la race de Salomon: l'entrée de sa chapelle

[1] Le mot deftéra correspond au mahlem arabe.

comme celle de l'église sont interdites aux femmes, parce que, nous disaient les prêtres, rien d'impur ne doit pénétrer dans ces retraites consacrées à Dieu. Sellaté-Moussé, quoique du sexe féminin, en avait fait elle-même un précepte.

En Abyssinie, les peines établies contre l'homicide ont pour but de venger les parents du mort plutôt que le mort lui-même. Le lendemain de notre arrivée à Axoum, un habitant de la ville accablait sa fille d'injures grossières : pendant quelques instants, l'enfant supporta avec assez de patience les mauvais traitements de son père; mais, irritée à la fin du scandale provoqué par ses insultes répétées, elle s'emporta en imprécations, et le Tigréen, sentant redoubler sa colère, saisit une pierre qu'il lança avec force à la tête de sa fille, qui tomba aussitôt frappée d'un coup mortel. A la vue de la victime, le malheureux père, désespéré, s'arracha les cheveux et se déchira le visage en poussant des cris lamentables : il demandait pardon à sa fille, qu'il voulait, disait-il, suivre au tombeau ; les habitants s'étaient attroupés autour de lui : nous crûmes d'abord qu'on allait saisir l'assassin pour le traduire à la justice du pays, et nous fûmes très étonnés de voir que chacun lui prodiguait des consolations et cherchait à calmer sa douleur, sans que personne songeât à lui reprocher son crime. Nous demandâmes si on ne le punirait pas : et pourquoi ? nous répondit-on; n'est-il pas déjà assez malheureux d'avoir perdu sa fille? Il est inutile de faire observer que de graves abus peuvent résulter de cette singulière justice.

Tous les deux jours, Oubi envoyait un de ses soldats pour s'informer de l'état de notre santé; nous laissâmes croire à tous ses émissaires que notre feinte maladie nous retiendrait peut-être longtemps à Axoum; et, quoique bien disposés à nous échapper dès que l'occasion nous paraîtrait favorable, nous répondîmes, à tous ceux qui nous questionnèrent sur nos projets, que nous étions décidés à attendre que le prince rentrât dans ses foyers pour passer le Tacazé avec lui.

Avant de poursuivre notre route, nous allons nous occuper des diverses maladies qui affligent les Abyssiniens.

Nous parlerons d'abord du ver solitaire, parce que c'est dans le pays un mal universel. Bruce [1] s'est trompé lorsqu'il a prétendu que ce ver était de ceux qu'on appelle ascarides; c'est le véritable

[1] Tome v, page 91.

tænia, tel qu'il a été décrit par tous ceux qui ont traité de cette matière. Les Abyssiniens supportent cette maladie non seulement avec indifférence, mais ils vont même jusqu'à la croire inhérente à une bonne organisation, et, dans le Tigré, nous avons rencontré une femme qui s'affligeait sincèrement de ne pas avoir ce ver : préservée de ce mal par un privilége inoui dans toute l'Abyssinie, cette femme se croyait disgraciée de la nature et elle se plaignait de ce qu'elle appelait un malheur. Il faut avoir été témoin d'un semblable fait pour y ajouter foi.

Les Abyssiniens appellent le tænia *cosso*, du nom de l'arbre qui leur fournit le remède qu'ils emploient tous les deux mois contre cet animal : ils réduisent en farine les fleurs que produit cet arbre, et en délaient une poignée dans un grand verre d'eau qu'ils avalent à jeun et parviennent, par ce moyen, à l'expulser, sinon en entier, du moins en assez grande quantité pour le rendre malade et l'empêcher de les tourmenter; mais, après un laps de temps déterminé, il reprend sa vigueur, et l'on est obligé de revenir constamment à la charge sans qu'on puisse jamais se délivrer entièrement de cet étrange animal. Cette maladie, qui ne présente aucun danger grave, oblige ainsi l'Abyssinien à se purger tous les deux mois. Bruce[1] a prétendu à tort que ceux qui employaient ce remède se renfermaient chez eux du matin jusqu'au soir et refusaient de voir leurs parents et leurs amis. Les grands seuls ne reçoivent pas ces jours-là, et ce n'est que pour jouir d'une liberté indispensable dans ces circonstances; quant à la masse du peuple, elle se purge en public.

M. Brayer, habile médecin français établi à Stamboul en 1820, nous a laissé les détails suivants sur le cosso, connu en Europe sous la dénomination de Brayère, du nom de ce docteur. C'est lui-même qui parle :

« Je rencontrais souvent dans un café de Constantinople un vieux négociant arménien qui, dans sa jeunesse, avait fait de fréquents voyages en Abyssinie. Ce vieillard vénérable aimait à me parler des pays qu'il avait parcourus....., mais surtout des plantes que l'on trouve dans ces régions éloignées et de leurs propriétés miraculeuses. Le premier garçon du café où nous nous entretenions ainsi était, depuis plusieurs années, attaqué du tænia; il avait, suivant l'usage, demandé à tous les médecins nationaux et étrangers qu'il avait rencontrés, non un traitement, mais un

[1] Tome V, page 91.

secret contre sa maladie. En faisant tant bien que mal les remèdes indiqués, il avait souvent, en rendant des fragments du tænia, éprouvé quelque soulagement ; mais peu après les symptômes avaient reparu aussi violents qu'auparavant ; sa maigreur était excessive, il éprouvait de fréquentes lipothymies ; des douleurs cruelles l'obligeaient souvent à cesser son travail. »

« Voyez-vous cet être malheureux, » me dit un jour mon Arménien ; « il a fait tous les remèdes connus en Europe ; en Abyssinie, sa maladie n'aurait pas duré vingt-quatre heures, et il souffre depuis dix ans ; mais j'ai écrit, l'année dernière, à mon fils, qui fait à ma place les voyages d'Abyssinie, de m'envoyer le spécifique connu dans le pays contre le tænia.....; il me parviendra bientôt, j'en ferai prendre à cet infortuné, et il sera guéri. »

» .... Je n'y songeais plus, lorsque, le 7 janvier 1820, je vis venir à moi, tout rayonnant de joie, le garçon du café, qui me dit être parfaitement guéri ; les fleurs étaient enfin arrivées. Le soir même, il en avait fait macérer cinq gros (le gros est de soixante grains) dans environ douze onces d'eau. Le jour suivant, de très bon matin, il avait pris la moitié de l'effusion à jeun ;

l'odeur et le goût désagréables de ce médicament lui avaient occasionné de fortes nausées; une heure après, il avait bu l'autre moitié et s'était couché : de vives douleurs s'étaient fait sentir dans les intestins, et, après de nombreuses déjections, il avait rendu le tænia tout entier. Ce ver était mort; son extrémité la plus grosse était sortie la dernière : après plusieurs autres évacuations de mucosités, tous les symptômes de la maladie avaient complètement disparu. Pendant six mois que j'eus encore occasion de voir cet homme, sa santé s'était améliorée de jour en jour. »

Si ce remède était aussi efficace qu'un pareil fait semblerait le faire croire, et qu'on adoptât le sentiment du savant Spigélius et de plusieurs autres médecins distingués qui ont examiné avec soin la nature de ce ver, et qui prétendent qu'une fois sorti du corps, il ne s'y en engendre plus de semblable, il s'ensuivrait que les Abyssiniens qui font usage du cosso devraient en être délivrés à jamais, et pourtant il n'en est rien. Nous avons vu au Caire, où les causes qui déterminent cette maladie en Abyssinie n'existent plus sans doute, un grand nombre de médecins européens faire usage de ce remède, qui ne manquait jamais d'expulser une grande quantité de ce ver, mais qui ne l'extirpait jamais en entier[1].

Un autre ver d'un caractère bien différent, le dragonneau, que nous avions déjà observé en Arabie et à Massaouah, se retrouve encore en Abyssinie; mais il ne s'y présente que dans des cas très rares. Cet animal, au sujet duquel l'ignorance et l'amour du merveilleux avaient accumulé un grand nombre de fables, en est débarrassé, grâce aux recherches des médecins des trois derniers siècles; il est certain que ceux qui

[1] Le tænia acquiert jusqu'à cent pieds de longueur : on n'a aucune donnée sur les causes qui provoquent ce mal; le père de la médecine, Hippocrate, qui parle beaucoup de ce ver dans son quatrième livre *des Maladies*, pense que cet animal est inné dans l'homme, et qu'il s'y développe lorsqu'il trouve une nourriture convenable. M. Andry partage la même opinion; et, pour l'appuyer, il prétend que, comme on ne voit nulle part, soit dans la terre, soit dans l'eau, des vers si longs, les germes doivent se trouver dans les individus, comme ceux des poux, dont l'espèce serait détruite si l'homme disparaissait. Le tempérament, la nourriture, les boissons, en un mot, la *vie* si différente des personnes, expliquent, d'après lui, l'apparition de ce ver chez les uns, et son absence, ou plutôt son manque de développement, chez les autres. Si nous adoptons le sentiment d'Hippocrate et de M. Andry, et que nous admettions que le tænia ne peut être apporté du dehors, il faut au moins convenir que la viande crue et les piments, qui sont la principale nourriture des Abyssiniens, sont extrêmement favorables à son développement. L'opinion de certaines personnes du pays, qui prétendent que l'eau est la cause déterminante de cette maladie, est appuyée par l'apparition de cet animal dans quelques moutons, qui ne mangent ni poivre ni broundou.

doutent encore de l'animalité de ce ver n'ont jamais eu l'occasion d'étudier par eux-mêmes cette maladie, dont on ne connaît pas encore l'origine, mais qui appartient exclusivement aux contrées chaudes. Les Abyssiniens, que nous avons souvent interrogés au sujet du dragonneau, ne soupçonnent pas même la cause qui l'amène : dès qu'il paraît, ils le roulent autour d'un morceau de bois ou d'une plume et le tirent avec beaucoup de précaution, ayant soin de s'arrêter aussitôt qu'ils éprouvent la moindre résistance dans la crainte de le briser; car, quoique sa rupture soit bien moins redoutable qu'on ne le pense généralement en Europe, il est pourtant vrai que le mal s'aggrave sensiblement lorsque l'animal rentre dans les chairs pour reparaître sur une autre partie du corps.

Au nombre des maladies communes en Abyssinie, on peut placer les douleurs rhumatismales, qui affectent, en général, les classes peu aisées. Dans un pays montagneux et humide, où la plupart des habitants, mal vêtus, couchent par terre ou sur des peaux de bœufs et des nattes, l'existence de cette maladie s'explique facilement. Ce mal est connu dans le pays sous le nom de *courtoumat*.

Les Abyssiniens ne sont pas à l'abri des goîtres

et des écrouelles; les ophthalmies sont fort rares dans le pays : nous observerons, en passant, que nous n'avons pas trouvé dans cette contrée un seul homme atteint de folie : ce fait vient appuyer l'opinion des médecins qui ont prétendu que les peuples ignorants n'étaient pas sujets à l'aliénation. Le bon sens des Abyssiniens ne fait pas leur éloge.

Les fièvres sont le fléau le plus redouté des Abyssiniens, parce que, faute de médicaments, ils échappent rarement à la mort, lorsqu'ils en sont attaqués. Comme dans le cours de notre relation il sera quelquefois question de cette maladie, nous nous abstiendrons d'en parler maintenant.

Durant notre séjour dans cette contrée, nous avons surpris quelques cas d'épilepsie; les Abyssiniens qui en sont atteints en font ordinairement un grand mystère, et si quelques personnes attaquées de ce mal nous mettaient quelquefois dans la confidence de leur état, ce n'était que dans l'espoir d'obtenir de nous quelque remède efficace, et ils nous conjuraient toujours de ne pas révéler leur secret. Quelques peuples de l'antiquité ont appelé cette maladie maladie divine ou sacrée, parce qu'ils la considéraient comme une punition du ciel. Les épileptiques d'Abyssinie se croient possédés du démon, et c'est là ce qui les engage à cacher si soigneusement leur mal, qui les rendrait odieux à tout le monde. Comme, dans cette maladie, le coït détermine souvent des attaques, les Abyssiniennes ont en horreur les épileptiques, qui souffrent horriblement de la réprobation des femmes. Ces sortes de malades, persuadés qu'ils sont en butte aux maléfices du diable, s'imaginent qu'ils pourraient être délivrés de leur accès par des moyens surnaturels, et ils implorent souvent le secours des prêtres et de leurs sorciers.

Les maladies vénériennes sont généralement répandues en Abyssinie, mais elles sont loin de présenter d'aussi graves dangers que parmi nous. Les Abyssiniens gardent leur mal pendant toute leur vie, et ils s'en inquiètent peu; ils connaissent l'usage de la salsepareille, et ceux qui font le voyage de Massaouah ont ordinairement soin de s'en pourvoir. Lorsqu'un grand d'Abyssinie est atteint d'une maladie vénérienne, il se rase les cheveux, se renferme durant quarante jours dans un appartement bien fermé, observe une diète sévère et prend beaucoup de sudorifiques; au bout de ce terme, il sort presque toujours guéri. Quant aux individus qui ne peuvent se procurer les médicaments nécessaires, ils sont obligés de prendre en patience leur maladie, qui disparaît à certaines époques pour revenir dans d'autres. Comme les Abyssiniens des deux sexes tiennent beaucoup à leur chevelure, ils sont tous dans l'habitude de se raser la tête dès les premiers symptômes du mal. Si les habitants de Goa se font une gloire d'avoir eu plusieurs fois la syphilis, les Éthiopiens n'en rougissent pas; il n'en sont pas plus honteux que de toute autre affection.

Outre ces diverses maladies, qui sont d'autant plus dangereuses, dans ce pays, qu'on s'y trouve privé de tous les secours de l'art, l'Abyssinie est encore en proie à un fléau terrible qui, depuis longtemps, chassé des royaumes d'Europe, s'est maintenu dans les contrées orientales, où il exerce encore quelques ravages : nous voulons parler de la lèpre ou ladrerie, justement définie, par Avicenne, un chancre universel; on sait qu'elle était fort commune dans nos pays dans les xe et xie siècles, et que, lorsqu'elle disparut, elle fut presque immédiatement remplacée par la syphilis moins hideuse, mais aussi redoutable.

La description que nous ont laissée les anciens de cette affreuse maladie a de si grands rapports avec la lèpre éthiopienne, qu'il nous suffira de la reproduire pour donner une idée exacte de ce fléau qui enlaidit l'Abyssinie : « elle (la lèpre) rend la voix enrouée comme celle d'un chien qui a longtemps aboyé, et cette voix sort par le nez plutôt que par la bouche. Le visage du malade ressemble à un charbon à demi éteint, onctueux, luisant et semé de gros boutons fort durs ; le lépreux inspire, en général, le dégoût et l'horreur; ses poils sont très courts, et l'on ne peut les arracher qu'en emportant de la chair pourrie ; son front forme divers plis qui s'étendent d'une tempe à l'autre ; toute la peau est couverte d'ulcères ou d'écailles. Il vient à ce degré d'insensibilité, qu'on lui perce avec une aiguille le poignet et les pieds sans qu'il éprouve la moindre douleur ; enfin le nez, les doigts, les mains et les pieds se détachent du corps, et, par une mort qui leur est particulière, ils préviennent celle du patient : » tel est le hideux tableau que présente le lépreux d'Abyssinie. Parmi nous, on avait bâti des hôpitaux appelés *léproseries*, pour donner à ces malheureux des secours qui leur étaient refusés par des parents ou des domestiques alarmés pour leur propre santé. Dans le pays dont nous parlons, la plupart des lépreux se réfugient dans les églises ; mais leurs compatriotes sont loin d'éprouver pour eux le dégoût que leur vue seule nous inspirait : ces malades, que les Juifs mettaient hors du camp et qu'en Europe on excluait de la société, communiquent ici avec tout le monde. Ceux qui ont des familles restent avec elles, et, lorsqu'un lépreux est riche, il ne manque jamais de serviteurs. Ils n'ont pas, sans doute, le sentiment de leur épouvantable laideur, car ils se mêlent à toutes les réunions, et dans les festins auxquels ils sont admis on ne montre aucune répugnance à boire dans leurs coupes. Moïse et la plupart de ceux qui, après lui, se sont occupés de la ladrerie ont cru qu'elle était contagieuse. Dans ces derniers temps, les docteurs Cazenave, Schedel et Biett ont soutenu l'opinion contraire, et ce qui se passa en Abyssinie semblerait appuyer leur sentiment. Il est évident, pour nous, que ceux qui ont cru que la lèpre se communiquait aussi facilement que la peste, par exemple, sont tombés dans une grave erreur; mais nous ne doutons pas que cette maladie, comme la syphilis, ne puisse se transmettre par des rapprochements intimes.

S'il est vrai que l'humidité et les aliments épicés déterminent un semblable fléau, nul peuple ne doit y être plus exposé que les Abyssiniens. Ils font un usage immodéré de toute sorte d'excitants, mais surtout de poivre, et leur pays, soumis à des pluies périodiques et arrosé par d'innombrables cours d'eau, est souvent couvert de vapeurs humides et malsaines, principalement dans les bas-fonds. Nous ne pensons pas que les maladies vénériennes, invétérées, qui se transmettent souvent de génération en génération, soient étrangères à l'existence de la lèpre.

Nous terminerons ce tableau succinct en ajoutant que, dernièrement, le choléra s'était frayé une route jusque dans le Tigré, où il jeta l'épouvante parmi les habitants : il y fit néanmoins peu de ravages.

Quant aux blessures et aux amputations, nous avons toujours été étonnés de la rapidité avec laquelle les malades se rétablissaient, surtout en considérant leurs moyens arriérés de traitement. Nous ne doutons pas que des hommes spéciaux, des médecins ne trouvassent, en Abyssinie, des sujets d'intéressantes études.

X.

SOMMAIRE.

Départ d'Axoum. — Arrivée à Adde-Heussa. — Dévra-Guennet. — Rencontre d'une troupe de soldats. — Leur conduite. — Départ de Dévra-Guennet. — Complaisance des soldats. — Bel aspect des montagnes du Sémén. — Jibagoua. — Le Tacazé. — Nous le passons à la nage. — Étonnement de la troupe. — Animaux féroces. — Nom ancien. — Crocodiles. — Poissons. — Coquillages. — Variété des arbres. — Hippopotames. — Manière de leur faire la chasse. — Température. — Fièvres. — Éléphants. — Etymologie du mot Tacazé. — La mouche appelée *tsalsalia*. — Citations d'Isaïe et d'Agatharchides. — Sources du Tacazé. — Son embouchure.

CHAPITRE X.

Toutes les personnes qui arrivaient de l'autre côté du Tacazé [1] annonçaient que les pluies, qui tombaient tous les jours par torrents, avaient tellement élevé le niveau de cette rivière, qu'on

[1] C'est le cours d'eau le plus important de l'Abyssinie, après le Nil-Bleu.

ne pourrait bientôt plus la passer à gué : c'était le moment que nous avions attendu pour tenter une évasion ; nous voulions qu'après avoir passé le Tacazé il fût impossible à Oubi de nous faire poursuivre, et, le 30 juin, nous levâmes secrètement notre camp, suivis de Béchir et de deux jeunes domestiques qui avaient remplacé Maari et notre vieux d'Adoua ; néanmoins, malgré nos précautions, nous ne pûmes éviter une nombreuse suite, composée surtout de prêtres, que nous congédiâmes dix minutes après notre départ.

Deux routes conduisent d'Axoum dans le Sémén : l'une passe par la province de Siré ; l'autre traverse le district d'Adet. Nous choisîmes cette dernière, parce qu'elle était plus directe.

Pendant deux heures, le chemin fut uni et facile ; aux alentours se déployaient des prairies et des cultures magnifiques : les bosquets de coll-quals et de mimosas aux boutons d'or délicieusement parfumés nous offraient une charmante perspective ; mais bientôt le pays changea brusquement de forme, et il nous fallut escalader des montagnes escarpées que nous descendîmes ensuite avec de grandes difficultés ; elles étaient couvertes d'arbres verts et touffus qui cachaient à leurs pieds des lis sauvages que leurs parfums nous révélaient.

Le ciel était noir et le tonnerre grondait effroyablement; une pluie serrée nous assaillit tout à coup avec fureur, et, malgré les manteaux et les peaux tannées dont nous nous couvrîmes de pied en cap, nous ne tardâmes pas à être trempés. Nous aperçûmes devant nous un village que nous atteignîmes rapidement, nous y demandâmes l'hospitalité; mais on ne voulut ni la donner ni la vendre.

La pluie tombait toujours par ondées. Non loin du village nous avions découvert une église ruinée, vers laquelle nous nous dirigeâmes aussitôt, et qui nous prêta un asile tutélaire. L'orage se dissipa; pour quelques instants, le ciel redevint serein, et nous poursuivîmes notre route. Après environ deux heures de marche, des nuages menaçants s'agglomeraient de nouveau sur nos têtes, et, à peine ranimés par le soleil, nous tremblions de nous mouiller encore. Les paysans de cette contrée, ruinés par l'armée du Sémén, étaient aigris par le malheur, et ils nous refusaient partout l'hospitalité.

Nous venions de gravir une montagne, et nous cheminions sur un plateau d'une grande étendue;

nous contemplions avec admiration une infinité de cascades formées par les pluies incessantes; les torrents lançaient leurs eaux du sommet de hautes chaînes, d'où elles se précipitaient avec fracas sur les terrains inférieurs et disparaissaient au milieu d'une riche végétation, après avoir renversé dans leur course ces arbres dont les racines, enfoncées dans les fentes des rochers, aiment à se suspendre au dessus des abîmes.

Arrivés à l'extrémité du plateau, nous découvrîmes plusieurs villages dans une vallée, et nous trouvâmes à *Adde-Heussa* une mauvaise hutte, qu'on nous livra, grâce à l'intercession du chef qui nous avait connus chez Oubi. Nous étions brisés de fatigue et nous avions faim; nous nous procurâmes du lait, mais il nous fut impossible de trouver du pain. Pour ne pas exciter la cupidité des soldats, les villageois se disaient tous misérables.

Le lendemain, la route fut aussi fatigante que celle de la veille et les paysages aussi beaux et aussi variés : le terrain était gluant, la boue s'attachait à nos pieds, et nous étions obligés de traîner un poids énorme à nos semelles, car la difficulté du chemin ne nous permettait que rarement de rester sur nos mules. Nous rencontrâmes une caravane de paysans qui se rendaient à Adoua pour payer à Oubi un impôt consistant principalement en céréales. Après cinq heures de marche, nous arrivâmes à *Dévra-Guennet*. Ce beau village est situé au dessus d'une colline comme sur un piédestal ; à ses pieds coule un torrent profond, et son église est cachée par un groupe d'arbres au feuillage touffu. Nous vînmes camper sous un immense daro, et, après une heure d'attente environ, nous entrâmes dans une maison qu'on vint nous offrir ; et quoique achetés chèrement, nous fûmes heureux de trouver quelques pains de *dagoussa* [1] et de doura pour nous et nos gens affamés.

Vers le soir, nous vîmes arriver un détachement des troupes d'Oubi, et nous crûmes d'abord qu'on venait à notre poursuite. Les soldats envahirent le village et se précipitèrent comme de vraies hyènes sur tout ce qu'ils purent saisir. Les habitants poussaient de grands cris, et le tumulte était à son comble, toutes les maisons furent immédiatement occupées et dévalisées, en dépit des réclamations des villageois désespérés. Dès que les soldats se présentaient à notre porte, un de nos domestiques les avertissait que la chaumière était en notre possession, et ils se retiraient tranquillement, après avoir demandé la permission

[1] Céréale du pays.

de nous saluer. Évidemment, ce n'était pas à nous qu'on en voulait.

Nous avions commandé quatre mesures de farine à un paysan qui nous l'avait vendue au poids de l'or; mais, au moment où il allait nous la remettre, les soldats qui survinrent la lui enlevèrent de vive force et nous la cédèrent ensuite à un prix très modéré. La faveur dont nous avions joui auprès de leur maître et la conduite que nous avions tenue à leur égard pendant notre séjour dans le camp nous avaient attiré leur bienveillance, et ils nous considéraient tous comme des frères d'armes qui, dans un pays étranger, avaient besoin de secours et de protection. Le soir, notre foyer fut alimenté avec des débris de charrue et d'autres instruments aratoires que les soldats venaient de briser et qu'ils nous apportèrent eux-mêmes.

Le 2 juillet, au soleil levant, nous quittâmes le village de Dévra-Guennet avec le corps d'armée composé d'un millier de soldats qui étaient impatients de traverser le Tacazé pour se rendre à *Ouagara* ou dans le Sémén. La route que nous parcourions était parfaitement déblayée : Oubi était passé, depuis peu de temps, dans le pays, et les paysans avaient été obligés d'abattre les arbres épineux qui obstruaient les chemins ; mais, plus tard, il fallut encore traverser des montagnes, et, comme nous ne pouvions monter une de nos mules qui était blessée, un soldat voulut absolument nous prêter la sienne, et il marcha lui-même à pied.

Après la première descente, nous trouvâmes une fontaine qui jaillissait du fond d'une grotte taillée par la nature dans les flancs d'un rocher : elle était ombragée par quelques arbres négligés ; avant l'époque des pluies, c'est la seule source qu'on rencontre sur cette route. Après avoir gravi une haute montagne, nous vîmes se dérouler devant nous le plus beau spectacle qui ait jamais frappé regard d'homme.

C'était la vallée du Tacazé dont on ne pouvait encore distinguer le cours. Nous avions face à face le Sémén et ses trois chaînes de montagnes, chacune avec sa physionomie particulière : au premier plan, elles étaient légèrement penchées, mais ramassées, pressées, entassées les unes sur les autres, masses compactes et inébranlables qui semblent braver l'éternité.

La seconde chaîne était belle, admirable, on eût dit un travail des hommes, un travail de Dieu; elle s'allongeait verticale et unie sur ses flancs, et l'on eût dit que, tout entière, elle était inaccessible : sur son vaste dos, s'élevaient ici comme de colossales pyramides sur un immense piédestal, là c'étaient des tours imprenables et gigantesques, et, plus loin, s'élançaient de hardis clochers dont les pointes indiquaient silencieusement le ciel. Dans son ensemble, la masse offrait l'aspect d'un rempart formidable au dessus duquel on avait encore bâti des fortifications et des monuments à déconcerter toute la puissance, toutes les ressources de l'art, et derrière apparaissait encore plus haute, plus épaisse, plus effroyable la dernière chaine traversant les nuages, bloc immense au delà duquel on eût dit que finissait l'espace!

L'imposante majesté de ce travail sublime de la création nous fit un instant oublier nos fatigues : notre admiration ne suffisait pas à ce grandiose spectacle fait pour tout un monde et que nous contemplions seuls.

La descente était pénible, et, malgré les pluies, on ne trouvait point d'eau, les environs étaient arides, le soleil chaud et d'énormes rochers obstruaient le sentier ; au bout d'une heure, nous atteignîmes le village de *Jibagoua*, que les habitants avaient abandonné. Quand nous y arrivâmes, les maisons étaient toutes occupées par les soldats qui, peu sensibles à la beauté du spectacle que nous venions d'admirer, avaient pris les devants.

De sombres nuages se choquaient sur nos têtes, et le tonnerre retentissait; car alors l'orage était de tous les jours : habitués à ces mauvais temps, nous nous étions blottis contre un arbre, enveloppés dans un même manteau, lorsque quelques hommes vinrent heureusement nous offrir une maison que nous acceptâmes avec reconnaissance. Jibagoua est dépourvu de sources, et ceux qui ne profitèrent pas de la pluie furent obligés d'aller chercher de l'eau à une grande distance. Un étranger qui s'engagerait seul à travers ce pays, durant la sécheresse, s'exposerait infailliblement à y périr de soif.

Le 3 juillet, nous partîmes dans la direction du sud, notre route était tracée sur le lit d'un torrent sablonneux et desséché, et nous remarquâmes avec étonnement des arbres énormes dont le tronc, couvert d'une peau lisse et d'un vert pâle, avait de quatre à six mètres de circonférence; leur taille était peu élevée, et les branches, toutes ramassées au sommet, étaient rares, grêles, courtes et finissaient subitement en forme conique.

Cette disproportion dans les diverses parties de cet arbre lui donne une tournure tout à fait inharmonique : c'est l'éléphant de l'ordre végétal.

Après avoir abandonné le torrent, nous cheminâmes par un sentier très étroit tracé au bord d'un précipice profond. Nous nous dirigeâmes ensuite vers l'ouest, et nous atteignîmes dans cette direction les bords du Tacazé, où nous trouvâmes un grand concours de personnes. La descente avait été longue et pénible, à cause de son extrême rapidité.

La rivière qui, vue de la hauteur, nous avait paru rouler un faible volume d'eau, semblait grossir à mesure que nous avancions. Le lit avait environ trente mètres de largeur; le courant était impétueux et assez profond. Beaucoup de soldats commençaient déjà à tenter le passage, ils avaient de l'eau jusqu'au cou et se soutenaient à l'aide d'une longue perche ou de leurs lances : ils portaient leurs effets à la main gauche.

Les femmes et les enfants traversèrent sur les mules que les hommes conduisaient par la bride; mais, arrivés au milieu de la rivière, plusieurs de ces animaux se cabraient, et ceux qui étaient en selle, en proie à de terribles angoisses, poussaient des cris aigus. Il fallait recommencer souvent trois ou quatre fois, et, néanmoins, femmes, enfants, vieillards et effets passèrent heureusement. Nous remarquâmes avec plaisir les secours que les forts prodiguaient aux faibles avec cette générosité qu'on trouve surtout dans les camps : quatre Nègres aux formes athlétiques se montraient infatigables.

Nous étions assis sur les bords de la rivière, et les Abyssiniens, persuadés que nous redoutions de la traverser, s'avancèrent pour nous prêter leurs secours ; mais, dès qu'ils furent près de nous, nous nous élançâmes brusquement au milieu des flots et nous disparûmes à leurs yeux.

Toute la troupe était assemblée sur le rivage : la frayeur des femmes et des soldats était à son comble, et, quand nous reparûmes, leur étonnement, leur admiration se manifesta par des cris de joie universels. On nous avait crus noyés ou emportés par les crocodiles ou les malins esprits qui, d'après eux, résident dans la rivière, et ils prétendirent alors que nous étions des *diables* et que nous *connaissions* l'eau. Quand nous eûmes atteint l'autre bord, tout le monde nous entoura pour nous complimenter. Cette circonstance, si simple en elle-même, nous rehaussa dans l'esprit de la troupe, qui nous prit pour des êtres extraordinaires, parce que nous savions nager. Les Nègres dont nous avons parlé firent monter nos deux jeunes domestiques sur les mules et nous les amenèrent.

Ce gué est formé par le torrent d'*Ataba* qui se précipite des hauteurs du Sémén et roule avec lui de gros rochers qui obstruent la marche du Tacazé et forment une espèce de digue qui a l'avantage de diminuer la rapidité du courant. La rivière renferme des crocodiles et des hippopotames; elle entraîne avec elle des troncs d'arbres qui en rendent le passage périlleux : les animaux qui peuplent la vallée sont plus redoutables que ceux des montagnes, et les tigres y attaquent quelquefois l'homme; cette férocité qui n'est pas ordinaire est provoquée, sans doute, par la différence du climat, qui est ici beaucoup plus chaud que sur les hauteurs.

Le Tacazé sépare le Tigré du pays généralement désigné sous le nom d'*Amhara*; au temps des pluies, il est pour ces peuples une barrière insurmontable. Le commerce est interrompu, et la lance et le bouclier se couvrent de fumée, suspendus aux murs des maisons. On a peine à concevoir que les habitants de ces régions n'aient pas songé à jeter des ponts sur leurs fleuves ou à se construire des bacs.

On sait que cette rivière portait anciennement le nom d'Astaboras ; aujourd'hui on l'appelle quelquefois *Tannach-Abhai* ou Petit-Nil. Le passage du Tacazé est considéré comme très dangereux, surtout à l'époque des pluies. Les crocodiles sont alors beaucoup plus redoutables ; car les Abyssiniens, obligés d'employer toute leur force pour lutter contre la violence du courant, ne peuvent se défendre lorsqu'ils sont attaqués par ce terrible animal, qui les entraîne au milieu des flots, où ils se débattent vainement, lorsqu'ils ont perdu leur point d'appui. Les Éthiopiens, qui tremblent de s'engager seuls dans le Tacazé, ne témoignent pas la moindre frayeur lorsqu'ils se trouvent réunis en grand nombre ; ils se contentent alors de pousser quelques cris et de jeter des cailloux dans la rivière pour épouvanter ces voraces animaux ; ils entrent alors en foule, et il est rare que les crocodiles soient assez hardis pour venir les attaquer.

Le gué que nous venions de traverser avait de cinq à six pieds d'eau ; mais, comme on peut en juger par les herbes, les broussailles et même le limon déposé sur le tronc des arbres qui croissent dans la vallée, au temps de la plus grande élévation, la rivière doit avoir environ trois mètres de profondeur. Bruce, qui l'a passée plus bas, dans la province de Siré, dit qu'en 1769 elle était montée à dix-huit pieds au dessus de son lit : comme le lieu où le voyageur anglais a fait cette observation se trouve au dessous d'Adet, et que, par conséquent, le Tacazé reçoit un plus grand nombre de rivières, il pouvait bien avoir atteint cette hauteur; d'ailleurs cette différence est peu sensible. La largeur de l'espace occupé par l'eau varie alors de cent à cent cinquante mètres.

Si la rivière sert de repaire aux crocodiles et aux hippopotames, qui, selon Bruce, « s'y réunissent en si grand nombre, qu'il est rare d'échapper à leur voracité lorsqu'on se hasarde à la traverser sans précaution, » elle renferme, en revanche, des poissons excellents, que les domestiques des grands personnages viennent pêcher, surtout pendant le carême, que les princes d'Abyssinie observent rigoureusement. On nous en avait fait manger quelquefois chez Oubi; mais nous n'en avons jamais vu d'une grosseur remarquable.

On trouve aussi, sous les rochers qui bordent le Tacazé, des coquillages qu'on a beaucoup de peine à en détacher : nous en ouvrîmes quelques uns avec un couteau; l'animal qu'ils renfermaient était très charnu et d'une couleur blanchâtre : l'intérieur de la coquille était luisant et poli comme la nacre; nous voulûmes demander aux Abyssiniens s'ils avaient l'habitude d'en manger, mais ils répondirent négativement en faisant même un geste d'horreur [1].

Nous trouvâmes, sur les bords de cette rivière, quelques gousses de tamarin et un petit fruit de forme oblongue, avec une écorce dure et de couleur verte. La substance de l'intérieur était cotonneuse, peu consistante et légèrement acidulée; au cœur se trouvaient quelques graines noires. L'arbre qui porte ce fruit est le *baobab*, qui atteint quelquefois un développement prodigieux. Nos domestiques nous en avaient souvent présenté dans le Tigré; mais, comme il n'était pas encore mûr, son âpreté nous l'avait toujours fait repousser. Les Abyssiniens le mangent avec plaisir.

[1] Si nous en croyons les auteurs portugais, le Tacazé renferme des poissons électriques : « Elle nourrit aussi toutes sortes de » poissons, entre autres la *torpedo* (torpille), dont le même père » (Almeida) dit qu'en ayant pris une dans sa main, elle lui causa un » tel tremblement par tout le bras, qu'il la jeta aussitôt, et n'en » voulut plus depuis faire l'expérience. » *Histoire de la Haute-Ethiopie*, traduite de Tellez, page 3.

Parmi ces arbres qui forment, sur les deux rives, d'admirables haies de verdure, on remarque, en outre, de nombreuses mimosas, des sycomores et des daros d'une grosseur énorme. On y trouve aussi des genévriers, des capriers et des bambous, dont les plus gros ont de huit à dix pouces de circonférence, et parviennent à une hauteur de vingt-cinq à trente pieds. Leur bois est fort et léger : les naturels s'en servent souvent pour soutenir leurs tentes.

Les Abyssiniens appellent le crocodile *azo*, et non pas *agous*, comme le prétend M. Salt. D'après le rapport de ce voyageur, on trouve des hippopotames qui ont jusqu'à seize pieds de longueur; leur tête est énorme, la couleur de leur peau est d'un brun sale comme celle de l'éléphant. Ces animaux plongent avec une extrême facilité et ne restent pas plus de cinq ou six minutes sous les flots : ils ronflent avec violence, et l'eau s'élève au dessus d'eux comme si elle jaillissait d'une fontaine. Ils se tiennent dans les lieux profonds de la rivière et sont ordinairement peu méfiants Les balles de plomb s'aplatissent sur leur corps mais les Abyssiniens les tuent avec leurs balle de fer. Ils font avec leur peau des cravaches trè dures et des boucliers à l'épreuve du coup de fi sil : on les vend communément de 20 à 25 francs. Cet animal est connu, dans le pays, sous le nom de *goumari*.

Une chaleur excessive et les pluies périodiques rendent la végétation de la vallée très puissante : à mesure qu'on s'éloigne des hauteurs, pour descendre vers la rivière, la température s'élève, et quand on est au fond, le thermomètre de Farenheit arrive jusqu'à 95° à l'ombre, si nous en croyons M. Salt. Cette brusque transition du froid au chaud et réciproquement est funeste à la santé et occasionne des fièvres dangereuses dans les bas-fonds, et des rhumatismes très douloureux sur les plateaux.

Ces fièvres, que les Abyssiniens appellent *nédad,* sont, le plus souvent, mortelles, parce qu'on n'a pas dans le pays des remèdes pour s'en délivrer. Les deux versants de la vallée du Tacazé sont peu habités, et pour le repos des voyageurs il est heureux que ces lieux soient déserts, car Bruce prétend qu'à l'époque où ils étaient plus peuplés, tous les habitants, voleurs ou assassins, se retiraient dans les villages situés sur les sommets des montagnes et descendaient par bandes pour piller les caravanes de marchands.

Un hôte terrible de cette vallée est l'éléphant,

qui se plaît au milieu de cette végétation vigoureuse et parmi ces arbres qui, par leur grosseur, s'harmonisent admirablement avec la charpente de cet énorme quadrupède. Il erre sous ces bosquets où il trouve une abondante nourriture : les bords de la rivière sont couverts de ses excréments et offrent les traces profondes de ses pas. Le mâle est peu redoutable ; mais la femelle est féroce lorsqu'elle allaite son petit. Les Abyssiniens attaquaient autrefois l'éléphant à cheval, armés seulement d'une lance et d'un bouclier ; mais, depuis qu'ils ont des fusils, ils préfèrent le tuer à coups de balles, et la chasse en est devenue plus facile et moins périlleuse.

Les *Amhara* appellent cet animal *zohon*, les Tigréens *harmas*, et les *Changalla* (Nègres), qui habitent les rives du Tacazé, lui donnent le nom d'*abbena*; on prétend même qu'ils se nourrissent de sa chair séchée au soleil. Mais nous n'avons jamais ouï dire que, dans aucun temps, on ait élevé des éléphants comme dans les Indes ; on n'en trouve aucune indication dans les chroniques abyssiniennes, et les habitants ont peine à croire que cette coutume existe dans certains pays.

Tacazé dérive du mot abyssinien *taka*, qui signifie terrible, et Bruce ne trouve pas de cause particulière qui justifie l'étymologie de ce nom donné à la rivière, quoique les ravages exercés par ses débordements pussent, à la rigueur, en fournir une explication satisfaisante; mais ses bords sont peuplés de tigres, d'éléphants et d'hyènes; ses eaux renferment des crocodiles et des hippopotames, si justement redoutés par les naturels; il règne dans les environs des fièvres dangereuses, et les chemins qui conduisent dans sa vallée profonde et encaissée sont rapides et pénibles à descendre comme à gravir. Il nous semble que cette dernière considération seule, sans avoir égard aux précédentes, aurait dû frapper le voyageur anglais, d'autant que nous croyons pouvoir affirmer que les Abyssiniens appellent cette rivière Tacazé (terrible), précisément à cause de la difficulté des routes.

Du reste, les ravages de ces insectes que les Abyssiniens appellent *tsalsalia* expliqueraient encore cette dénomination. D'après Bruce, les bestiaux s'enfuient à l'approche de cette mouche pour échapper à ses atteintes, et les pasteurs sont obligés, toutes les années, d'abandonner les terrains gras et humides pour se transporter dans des pays arides et sablonneux. L'un des pays où ce phénomène se passe se nomme *Taka;* il est situé sur les bords du Tacazé et a, sans aucun doute, donné son nom à cette rivière : cela admis, l'étymologie s'explique tout naturellement.

Mais on a prétendu que l'existence de cet insecte était problématique. M. Salt la nie formellement, sans néanmoins s'appuyer de bonnes raisons : mais ce qui semblerait donner quelque fondement à son opinion, c'est que Burckhardt, qui a visité ces contrées en marchand, ne dit rien de cette mouche extraordinaire, et pourtant la tsalsalia était connue dès la plus haute antiquité, comme l'atteste ce passage d'Isaïe[1]. « En ce temps-» là, le Seigneur appellera, comme par un coup » de sifflet, la mouche qui est à l'extrémité des » fleuves de l'Egypte, et l'abeille qui est au pays » d'Assur. » Agatharchides [2] en a aussi fait mention : « Les demeures des mangeurs de sauterelles, » dit-il, « sont bordées par un vaste pays couvert » de pâturages, mais désert et inaccessible; car, » inondés par une innombrable quantité de scor-» pions et de taons armés de quatre dents, les » habitants de ce district, ne sachant comment » faire pour se délivrer de ce fléau, prirent la » fuite et laissèrent le pays inculte. » La seule

[1] Chapitre 8, verset 18.

[2] Agatharchides, pag. 434 et suiv.

différence qui existe entre ce récit et celui de Bruce ; c'est que celui-ci prétend que ce phénomène a lieu toutes les années à une époque fixe, circonstance ignorée de l'auteur grec, et qui est exactement vraie. Pendant notre voyage en Nubie et dans le Sennâr, nous avons questionné plusieurs personnes capables, et toutes ont été d'accord sur les détails qu'elles nous ont donnés sur cette mouche terrible, dont l'existence ne peut être révoquée en doute.

La source du Tacazé se trouve au milieu des rochers du Lasta, dans un lieu appelé *Aën*-Tacazé, l'œil ou la source du Tacazé ; elle est aux environs de *Lalibéla*, où se trouvent de fameux temples creusés dans le roc [1] : ce qu'il y a de remar-

[1] Alvarez a décrit tous ces temples ; voici ce qu'il nous dit de l'église de Lalibéla proprement dite : « Le ciel d'icelle est soutenu » par cinq colonnes, deux de chaque côté et une au milieu, étant » compassée en diamètre carré, et tout plein et uni, comme le plan » d'en-bas, et enrichi d'ouvrages aux extrémités. Les portes et fe» nêtrages sont industrieusement élabourés de beaux ouvrages, » par si laborieux et admirable artifice, qu'un orfèvre ne les eût su » réduire à plus grande perfection sur l'argent avec le burin..., et » cette église a un autre corps en dessous semblablement cavé dans » le roc même..., et de la hauteur d'une lance.

» La sépulture du roi est à l'objet du grand autel de l'église » de dessus, au plan de laquelle est l'entrée pour descendre en » bas, qui est serrée avec une pierre... entée fort justement ; » mais personne n'y entre pour autant que (comme je pense) on ne » la saurait lever ni déroquer, tant fort elle joint de tous côtés... ; » et il y a, du côté du levant, trois fenêtres qui rendent la clarté » à l'église souterraine. Au devant de la grande chapelle, il y en a

quable, c'est qu'elle se trouve, à quelques minutes près, sous le même degré de latitude que les sources du Nil-Bleu, et que les alentours sont habités par les *Agous* venus sans doute du pays de *Géesh*[1]; car il nous semble que la dénomination de *Tannach Abhaï*, ou Petit-Nil, que l'on donne au Tacazé, indique que ceux qui l'ont désigné sous ce nom ont pu le comparer avec le grand fleuve : or, ce ne sont pas les Tigréens qui l'ont ainsi appelé, puisqu'ils n'ont jamais vu le *père des eaux*[2], et les Amhara qui le connaissent ne visitent presque jamais le Tacazé.

» une autre entaillée dans la pierre même de l'église, laquelle ils disent être faite à l'imitation de celle de Jésus-Christ en Jérusalem, » à laquelle ils portent grand honneur et révérence; et, du côté droit, » au même roc, se voient deux images gravées d'une si docte main, » qu'autre chose que la parole n'est requise en elles pour les faire » trouver vives, et sont déroquées du roc, dont l'une représente saint » Jean et l'autre saint Pierre. Elles me furent montrées comme un » chef-d'œuvre très rare et singulier; de quoi je reçus un merveilleusement grand plaisir, et vis qu'on leur portait grand honneur et » révérence. On voit encore, dans cette église, à la partie sénestre, » une chapelle à part, qui semble être une église, à cause qu'elle a » ses nefs et ses colonnes autour de la même pierre, fort bien et » subtilement ouvragées, la nef du milieu étant voûtée, et les portes » et fenêtrages entaillés d'une grande industrie. Cette chapelle est » mesurée en tous endroits par égal diamètre, contenant autant en » longueur qu'en largeur, qui sont cinquante-deux paumes de tous » côtés. L'église est environnée d'un très grand circuit cavé à force » de pics et autres ferrements, etc.» Alvarez, *Description de l'Éthiopie*, 207-210.

[1] C'est là que se trouvent les sources du Nil-Bleu.

[2] Abhaï signifie père des eaux.

Les sources du Tacazé sont au nombre de trois, elles se réunissent dans un bassin d'où elles se dirigent d'abord vers l'ouest : cette rivière prend ensuite la direction du nord jusque vers le district d'*Avergale*, au dessus du lieu où nous l'avons passée; elle tourne alors vers le nord-ouest et coule dans cette direction jusqu'au moment où elle se jette dans le Nil. Elle reçoit les eaux d'une partie du *Beghemder*, du Sémén et de la province d'*Oaldubba*. On compte encore parmi ses affluents les rivières de *Toukour* et de *Guaugué*, qui, sorties des montagnes qui séparent Gondar de *Raz-el-fil*, traversent tout l'*Oualkaït* et se réunissent au dessous de cette province. Elle n'absorbe d'abord qu'une partie des eaux du Tigré; mais le Mareb lui amène plus tard un grand nombre de ruisseaux qui semblaient vouloir lui échapper. Enfin le Tacazé prend le nom d'*Atbara* en sortant de l'Abyssinie, et vient se confondre avec le Nil, vers les 17° de latitude nord [1].

[1] La position des provinces et le cours des rivières dont nous parlons ici sont déterminés sur notre carte.

XI.

SOMMAIRE.

Considérations sur le Tigré. — Un léopard. — Nous passons plusieurs fois l'Ataba. — Un de nos domestiques est sur le point d'être emporté par le courant. — Description de la montagne. — Arrivée au village de Torzagué. — Beau point de vue. — Départ de Torzagué. — Aspect imposant des chaînes de montagnes. — Station à Greubeura. — Service que nous rend notre carte de géographie. — Fraîcheur de la vallée d'Ataba. — Générosité d'un Abyssinien. — Arrivée à Abbéna. — Nous remarquons plus de liberté dans les mœurs. — Différence entre les Arabes et les Abyssiniens. — Nous entrons dans la province de Sémén. — Nous suivons les bords de l'Ataba. — Station. — Superstition d'un Abyssinien. — Violente ondée de pluie. — Rencontre d'un montagnard qui nous indique un asile. — Frayeur d'une jeune fille à notre vue. — Arrivée dans une vaste grotte.

CHAPITRE XI.

En passant le Tacazé, nous venions d'abandonner le district d'Adet improprement appelé Adiéte par M. Gobat, et nous allions nous trouver maintenant au milieu d'une race moins mélangée, plus pure que celle que nous laissions derrière nous. Les habitants du Tigré sont bâtards sous tous les rapports, dans leurs mœurs, dans leurs usages comme dans leur physionomie, dans leur genre d'architecture et même dans leur langage qui n'est qu'une corruption de la langue éthiopique avec un grand nombre d'expressions amhariques et arabes. La population que nous allions visiter devait nous offrir un caractère tout à fait différent.

Nous pouvions à peu près nous flatter d'avoir échappé à Oubi, car il suffisait de deux ou trois orages encore pour rendre le passage de la rivière impossible. Avant d'escalader les hauteurs qui se présentaient devant nous, nous nous arrêtâmes quelques instants sous un groupe d'arbres, afin de donner le temps aux soldats, qui avaient passé le Tacazé avec nous, de prendre les devants. Depuis le moment où nous les avions rencontrés, ils n'avaient cessé de nous accabler de questions et de nous fatiguer de leur curiosité; aussi désirions-nous vivement nous séparer d'eux et cheminer seuls, afin de jouir ainsi de quelque tranquillité.

La foule s'était presque entièrement écoulée, il ne restait plus qu'une arrière-garde de femmes qui nous engageaient à partir promptement si nous voulions éviter l'orage qui commençait à se former. Nous vîmes encore arriver sur la rive opposée plusieurs soldats retardataires qui s'empressèrent de traverser la rivière pour continuer leur route; l'un d'eux s'arrêta en passant près de nous, et, levant les yeux vers le faîte des arbres qui nous couvraient de leur ombre épaisse, il regarda longtemps avec un air d'appréhension qui éveilla notre curiosité. Nous lui demandâmes ce qu'il considérait ainsi, et il nous répondit que nous ne savions pas à quel danger nous nous exposions en venant nous abriter sous ces arbres qui, durant le jour, servaient d'asile aux léopards qui habitent cette vallée; voyant que sa révélation ne paraissait guère nous intimider, il ajouta qu'il pouvait nous parler savamment de ces animaux et de leurs habitudes, parce que, l'année précédente, à la même époque, il avait été sur le point d'être victime de leur férocité. Nous le regardâmes d'un air étonné, et, s'imaginant sans doute qu'il nous intéressait, il voulut nous raconter son histoire. Il s'assit auprès de nous, et commença ainsi :

« Il y aura bientôt un an, je revenais, comme aujourd'hui, du Tigré avec quelques uns de mes compagnons, et nous nous rendions ensemble dans nos foyers, lorsque nous arrivâmes sur les bords de cette rivière; il était plus de midi, l'orage s'était formé au dessus de nos têtes et la pluie commençait à tomber; comme nous savions qu'il nous fallait encore marcher longtemps avant de rencontrer quelque habitation, nous nous décidâmes à attendre le beau temps sous un massif d'arbres que nous avions distingué dans le vallon étroit du Tacazé. Nous vînmes donc nous serrer sous leurs branches immenses; nous fîmes du feu, et, aussi bien abrités que dans l'une de nos chaumières, nous nous inquiétâmes peu de la pluie et du tonnerre qui ne tardèrent pas, d'ailleurs, à se ralentir. Les plus pressés de notre petite troupe se levèrent bientôt pour se remettre en marche, et je restai avec deux autres soldats, attendant que l'orage fût entièrement dissipé. Nos compagnons venaient à peine de nous quitter, lorsque nous entendîmes le feuillage s'agiter avec violence, et nous n'avions pas eu le temps de lever la tête, qu'un léopard furieux s'était précipité, en grondant, sur l'un de nous et l'avait déchiré de ses griffes aiguës. Au même instant, j'avais saisi ma lance et mon bouclier qui reposaient près de moi, et, d'un bond, je m'étais élancé loin de cet animal redoutable que la vue du sang qu'il venait de répandre rendait encore plus terrible. Mon frère d'armes avait imité mon exemple en poussant des cris affreux qui attirèrent nos compagnons qui n'étaient pas encore très éloignés. Nous nous étions blottis derrière nos boucliers, et, la lance levée, nous menacions notre cruel ennemi qui, malgré sa rage et son agilité, n'avait encore pu nous surprendre. A la vue du danger que nous courions, nos camarades redoublèrent de vitesse et firent entendre de sombres vociférations. En apercevant le renfort qui nous arrivait, le léopard parut déconcerté; il jeta sur nous un regard étincelant, miaula horriblement et se précipita dans la rivière qu'il traversa à la nage pour disparaître presque aussitôt dans un détour du vallon. Délivrés d'un péril imminent, nous nous approchâmes de notre malheureux compagnon; la griffe meurtrière du léopard avait pénétré jusque dans ses entrailles, le sang coulait de plusieurs blessures, il était dans une angoisse déchirante, il respirait avec difficulté, et, par un effort qui parut l'accabler, il articula à grand'-peine ces mots que nous devinâmes plutôt que nous ne les entendîmes : J'ai soif. Nous nous empressâmes de lui porter de l'eau claire, qu'il but avec avidité, et il expira aussitôt. Nous déposâmes son corps dans le Tacazé, et nous nous éloignâmes sur-le-champ, déplorant avec amertume la perte de notre compagnon et accablant d'imprécations la race maudite des léopards. »

En terminant sa tragique histoire, le soldat porta encore ses yeux vers les rameaux épais des arbres qui nous environnaient, et l'expression de terreur répandue sur sa physionomie ne nous permit pas de douter de la vérité de son récit. « Si vous tenez à votre sûreté, » nous dit-il, « je vous engage à ne pas stationner plus longtemps sur les bords de la rivière, et vous ferez bien de me suivre. » Nous le remerciâmes de l'intérêt qu'il nous témoignait; mais, comme nous n'avions pas changé d'intention, et que nous voulions éviter de cheminer en compagnie, nous le laissâmes partir seul.

Quand nous ne vîmes plus personne autour de nous, nous nous levâmes pour continuer notre route. Nous longeâmes, pendant dix minutes, le cours de l'Ataba qui descendait du côté de l'ouest et venait se perdre dans le Tacazé, que nous avions traversé un peu au dessus de sa jonction. Cette rivière, qui prend sa source dans la montagne de *Boûahed* qui domine le village de *Nori* dans le Sémén, est extrêmement rapide; ses rives, superbement ombragées, semblent inviter au repos; l'onde qu'elle roule est limpide et très froide. Le sentier battu qui serpentait sur les bords et qu'elle coupait à plusieurs reprises nous força à la passer et à la repasser vingt fois. Le lit était assez profond et le courant assez impétueux pour nous faire craindre de perdre l'équilibre, et l'un de nos jeunes domestiques, qu'un tourbillon allait entraîner, ne dut son salut qu'à l'une de nos mules, dont il eut le bon esprit de saisir la queue, et qui l'amena pleurant sur la rive. Nous nous arrêtâmes un instant pour donner le temps au petit *Desta* (c'était le nom de notre domestique) de se remettre de sa peur; et, lorsque nous le vîmes entièrement rassuré, nous commençâmes à gravir une haute et pénible montagne, par un chemin couvert de pierres et d'épines. Les arbres qui s'élevaient de toutes parts étaient grands et verts, et, de distance en distance, nous admirions des ombrages délicieux qui avaient séduit un grand nombre de femmes et de soldats fatigués, que nous laissâmes derrière nous. Parvenus sur un sommet, que nous avions considéré comme le but de notre course, nous apercevions devant nous une nouvelle cime qu'il fallait encore atteindre, pour recommencer ensuite : nous rampions de montagne en montagne, immenses escaliers s'élevant vers les nues que nous foulions sous nos pas, et qui nous dérobaient l'abîme profond au dessus duquel nous planions.

Avant d'arriver sur le beau plateau où se trouve le village de *Torzagué*, désigné par M. Gobat sous le nom de Toursogué, nous fûmes témoins d'un accident malheureux qui nous donna une triste opinion de la sensibilité des Abyssiniens. Une jeune fille, chargée d'un fardeau pesant, cheminait avec peine par une route escarpée; un soldat, monté sur sa mule, s'avançait lentement derrière elle; comme le sentier était étroit, elle se détourna pour laisser passer le cavalier, et presqu'au même instant elle reçut un coup de pied de l'animal, qui la renversa et la fit rouler à plusieurs pas avec son fardeau : l'Abyssinien daigna à peine se retourner, et il poursuivit son chemin, ne s'inquiétant nullement de l'état de cette pauvre fille, qui n'avait pas la force de se relever, et qui, sans notre secours et celui de nos domestiques, ne serait jamais parvenue jusqu'à Torzagué.

Après deux mortelles heures de marche, depuis l'Ataba, nous atteignîmes le village, remarquable surtout par l'admirable point de vue qui se déroule aux alentours. Au milieu d'un chaos de montagnes informes, nous apercevions devant nous, couverte de neige et de brouillards, la chaîne immense que domine *Enchetcab*, résidence d'Oubi, et qu'on découvre depuis Axoum. Quand nous arrivâmes sur le plateau, la pluie qui nous menaçait depuis quelque temps commença à nous assaillir, et il fallut se hâter de chercher une maison, sous peine d'être bientôt trempés. Nous nous emparâmes de la première qui se présenta devant nous; elle était déjà occupée par des soldats qui se trouvaient alors absents : après y avoir déposé leurs effets, ils étaient sortis pour aller fourrager, et ils furent très étonnés, à leur retour, de trouver des intrus dans leur habitation. Comme nous étions assis dans un coin assez obscur, et qu'en arrivant du grand jour, ils n'avaient pu nous distinguer, ils nous prirent d'abord pour des soldats abyssiniens, et ils commencèrent à se fâcher d'avoir été dépossédés injustement de leur asile; mais, dès qu'ils nous eurent reconnus, ils n'insistèrent pas, et, renonçant à leurs droits, ils nous abandonnèrent leur maison et allèrent chercher un gîte ailleurs.

Quoique Torzagué fût, depuis longtemps, sous la domination d'Oubi, et que, par conséquent, il n'eût pas à craindre le sort des pays nouvellement conquis, les habitants de ce village tremblaient sans cesse de se voir dévaliser par des soldats qui, depuis quelques années, ne vivaient que de pillage; ils cachaient toutes leurs denrées avec le plus grand soin, et ce ne fut qu'avec beaucoup de peine que nous pûmes trouver un peu de farine à acheter. Plusieurs Abyssiniens à qui l'on avait procuré de la viande et du pain en avaient ajourné le paiement à une époque illimitée, et les habitants de Torzagué, qui ne se souciaient guère de vendre de cette manière, refusèrent de livrer de nouvelles provisions. Comme on ne nous confondait pas avec les hommes de l'armée, et qu'on savait que les blancs sont dans l'habitude de payer lorsqu'ils achètent, nous aurions trouvé facilement à nous pourvoir de tout ce qui nous était nécessaire, si les gens du pays n'avaient pas craint d'être surpris par les soldats, en nous vendant leurs denrées. Un homme cependant, tenté par les cordons de soie que nous étalâmes à sa vue, et qui nous avaient déjà servi à payer notre farine, se rendit chez lui pour prendre une poule que nous lui demandions : il la cacha sous sa toile et revint aussitôt vers nous, en lui pressant le bec pour l'empêcher de crier. Mais, comme il était sur le point d'entrer dans la cour de notre maison, qui se trouvait alors encombrée de monde, la poule, en se débattant pour se dégager, parvint à se faire entendre, et avant qu'il eût pu se frayer une route jusqu'à nous, les soldats affamés la lui enlevèrent, en lui reprochant, avec un sérieux qui nous fit éclater de rire, de manquer de confiance en eux. Ce pauvre homme se retira désolé.

Le 4 juillet, nous quittâmes le village de Torzagué pour nous élever encore. Du plus haut point de notre course, nous découvrîmes, en regardant derrière nous, des masses prodigieuses et compactes qui, pressées et accumulées, semblaient rouler les unes sur les autres; en les fixant pendant quelques instants, on eût dit qu'elles se mouvaient avec effort, et que le monde, bouleversé, allait être englouti sous des flots de montagnes. Ce spectacle était effrayant, sublime! Après environ trois heures de marche, nous descendîmes par un sentier rapide et difficile jusqu'au village de *Greubeura*, assis au pied de la chaîne surmontée de gigantesques monuments que nous avions si justement admirés le jour de notre arrivée à Jibagoua. La montagne que nous venions de laisser derrière nous était embarrassée d'arbrisseaux à moitié desséchés.

Quoiqu'à contre-cœur, nous cheminions encore avec le corps d'armée qui était parti en même temps que nous de Torzagué. Comme nous approchions du village de Greubeura, le choum vint au devant de la troupe, et, s'adressant aux guerriers qui paraissaient jouir de la plus grande considération, il les pria d'empêcher la foule des soldats de pénétrer dans les habitations, et leur promit de leur faire porter des vivres, s'ils consentaient à poursuivre leur route sans s'arrêter dans le village. Comme le jour était encore peu avancé, ils souscrivirent sans peine aux désirs de ce chef, et, s'étant assemblés aux environs de Greubeura, ils reçurent le tribut que s'imposèrent les habitants, et après avoir mangé leur pain et bu leur bière ils se remirent en marche.

Comme notre intention était de passer la nuit dans ce village pour nous séparer définitivement de ce corps d'armée, qui nous empêchait de jouir de notre liberté, nous nous arrêtâmes sur les bords d'un torrent desséché, à trois cents pas des habitations. Environ une heure après le départ des soldats, nous nous approchâmes du village et nous demandâmes s'il ne serait pas possible de trouver une maison : nous voulions séjourner à Greubeura jusqu'au lendemain matin.

Les habitants, persuadés sans doute que nous appartenions à la troupe pour laquelle ils avaient fait d'assez grands sacrifices, refusèrent de nous donner l'hospitalité; mais, comme nous étions bien décidés à ne pas aller plus loin, nous entrâmes dans une chaumière que nous vîmes abandonnée, malgré les instances réitérées du choum qui voulait absolument nous faire quitter son village. La crainte d'être obligé de nous fournir un souper était le seul motif de son obstination à vouloir nous éloigner; et quand nous l'eûmes assuré que nous étions suffisamment pourvus en vivres pour ne pas avoir besoin de lui, et que nous ne réclamions qu'un abri contre l'orage, il cessa de nous importuner et se retira satisfait.

Quand nous fûmes établis dans notre habitation, nous envoyâmes notre interprète dans le village pour nous chercher un homme qui pût nous donner quelques renseignements relatifs aux diverses routes qui pouvaient nous conduire au but que nous nous étions proposé. Il revint un instant après, amenant avec lui un personnage qu'il nous assura être le plus érudit de l'endroit. Nous l'engageâmes à s'asseoir et nous déployâmes notre carte de géographie afin d'être mieux fixés nous-mêmes sur les questions que nous avions à lui adresser. Dès qu'il eut jeté un coup d'œil sur cette grande feuille bariolée de diverses couleurs, il se leva aussitôt, partit sans rien dire, et il ne nous fut pas possible de le retenir. Tandis que nous cherchions à nous expliquer la conduite originale de cet homme, nous le vîmes revenir, suivi d'un jeune enfant apportant du pain pour nous et de la paille pour nos mules; il s'assit sur le seuil de la porte et nous dit que, dès qu'il avait vu *notre papier*, il avait connu que nous étions des personnages d'importance, et qu'il avait voulu, avant d'entrer en conversation, se lier d'amitié avec nous. Il se fit un véritable plaisir de répondre à toutes nos questions, et, lorsqu'il se retira, il ordonna à son domestique de rester auprès de nous, afin de nous procurer tout ce que nous pourrions désirer. Nous remerciâmes de grand cœur notre carte de géographie, que nous nous promîmes bien de déployer chaque fois que nous nous trouverions dans l'embarras. Nous n'eûmes qu'à nous féliciter de l'heureuse rencontre de cet homme, qui voulut nous être utile jusqu'au dernier moment, en venant lui-même, le lendemain, nous indiquer la route que nous devions suivre pour nous rapprocher du Sémén.

Le jour suivant, nous partîmes de Greubeura au lever du soleil; nous entrâmes dans une large vallée sillonnée de torrents rapides et profonds qui venaient grossir et troubler la rivière de l'Ataba que nous allions retrouver et dont nous entendions déjà le murmure au pied de la grande chaîne qui bornait notre horizon de gauche. L'espace que nous parcourions était couvert de bosquets verdoyants et parfumés : la vallée, en se rétrécissant insensiblement, nous amena sur les bords de l'impétueuse rivière que nous avions vue se perdre dans le Tacazé et que nous allions côtoyer pendant longtemps. Autour de nous, à nos pieds, tout était frais, tout était admirable. Du sommet aérien de montagnes taillées à pic, s'élançaient avec bruit des cascades bondissantes et argentées. A chaque pas, nous traversions des torrents ou des ruisseaux dont l'onde glaciale venait se confondre avec l'Ataba pour rendre son cours plus rapide encore. Nous n'avions jamais rencontré de paysage avec une fraicheur si constante et si sauvage.

Cependant nous ne jouîmes pas d'un bonheur sans mélange, nous aurions voulu être seuls pour contempler à loisir ce riant tableau de la nature; mais, poursuivis sans cesse par la fatalité, nous

nous trouvâmes bientôt au milieu d'une nouvelle troupe de soldats qui arrivaient de tous les points dans la belle vallée de l'Ataba. Après une assez longue course, nous voulûmes nous reposer un instant : nous avions remarqué, sur les bords de la rivière, quelques arbres énormes dont les branches étendues et garnies de feuilles serrées couvraient le sol d'une ombre noire : nous vînmes nous asseoir au pied de ces colosses verdoyants, et la plus grande partie de la troupe imita notre exemple. Les environs étaient jonchés de bois sec ; les femmes des soldats en ramassèrent promptement, allumèrent des feux et s'occupèrent à préparer le repas de leur maître ou de leur mari. Tous ces foyers improvisés sous ces voûtes de verdure, d'une part, les groupes de femmes organisant leur ménage, et, de l'autre, les guerriers en repos se présentant dans des poses diverses, les uns debout, appuyés sur leurs lances, et d'autres couchés à côté de leurs boucliers ou occupés à faire paître leurs mules fatiguées, offraient une scène de sauvagerie admirable et digne du pinceau d'un artiste. Un moment avant de quitter ce lieu que la présence de cette troupe rendait si pittoresque, un Abyssinien, avant de commencer son repas, vint nous présenter une corbeille remplie de pain qu'il nous pria d'accepter, ne demandant pour toute récompense qu'une place dans notre souvenir. Nous fûmes aussi touchés de la générosité de cet homme qu'étonnés de son désintéressement qui lui fit refuser les cordons de soie que nous lui offrîmes.

Après une station de deux heures, nous continuâmes à longer la rivière et nous arrivâmes bientôt dans le village d'*Abbéna*, situé sur une hauteur, à l'extrémité de la riche vallée qui se déploie devant lui dans toute sa longueur. Aux alentours, sur les flancs des montagnes qui s'élèvent au dessus d'Abbéna, nous découvrions un grand nombre de hameaux entourés d'arbres et de végétations. L'aspect général du pays était d'une fraîcheur délicieuse, et la fécondité des champs annonçait une terre de promission. Depuis que nous avons passé le Tacazé, les maisons n'ont plus qu'un seul appartement; elles ont toutes la forme de celles d'Axoum.

En entrant dans le village où nous allions passer la nuit, nous remarquâmes un énorme tronc d'arbre creux dans le sein duquel deux hommes pouvaient aisément s'abriter : ne voulant pas demander l'hospitalité, nous nous disposions à nous établir dans cette hutte vivante, lorsque le choum d'Abbéna vint lui-même nous offrir une maison, et, le soir, nous reçûmes, de sa part, cinq pains de *tabita* et un plat de haricots. La nouvelle de notre arrivée attira, vers notre demeure, quelques curieux des deux sexes, et les conversations qui s'engagèrent en notre présence et dont nous étions l'objet nous révélèrent une licence de mœurs bien plus grande que celle des pays que nous avions précédemment parcourus. Chacun exprimait sa pensée, si dévergondée qu'elle fût d'ailleurs, sans aucune retenue, et plusieurs jeunes filles nous proposèrent de nous accompagner dans nos voyages.

Dès que nous fûmes seuls, le chef du village se fit annoncer, et nous envoyâmes, au devant de lui, notre interprète, avec lequel il entra presque immédiatement. Comme il nous avait donné une généreuse hospitalité, nous l'accueillîmes avec beaucoup de prévenance; mais sa visite intéressée ne tarda pas à nous désenchanter. Il nous pria de lui montrer tous les objets rares que nous avions conservés encore et avec une indiscrétion dont nous rougissions pour lui; il ne craignait pas de nous demander tout ce qui passait devant ses yeux; mais les importunités de ce genre, dont les habitants de cette contrée nous avaient si souvent fatigués, nous avaient habitués à savoir refuser, et le choum, après avoir mendié en pure perte, s'en retourna comme il était venu.

Depuis que nous nous trouvions en Abyssinie et que nous avions eu des rapports avec son peuple, nous avions fait une observation qui peut ici trouver sa place. En Turquie ou en Arabie, lorsqu'on est obligé d'entrer en relation avec les grands ou qu'on reçoit d'eux quelque service, leurs domestiques ne manquent jamais de vous importuner pour obtenir un bacchich; mais leurs maîtres, plus orgueilleux, rougiraient d'exiger de vous le moindre salaire : il n'en est pas de même en Abyssinie, les valets ne prétendent jamais à une récompense lorsqu'on a reçu l'hospitalité dans la maison de leurs maîtres, et l'on est délivré de toute importunité lorsqu'on a esquivé les demandes des grands.

Le 6 au matin, nous nous éloignâmes du village; sans abandonner encore les bords de la rivière, nous tournâmes une montagne qui nous déroba aussitôt la plaine que nous avions parcourue la vieille, nous étions maintenant dans la province du Sémén : le vallon, plus resserré, n'avait rien perdu de sa merveilleuse beauté, et, dans un espace moins étendu, il concentrait toute la richesse des sites qui nous avaient si agréablement impressionnés en nous éloignant de Greubeura. Nous contemplions le travail de la nature livrée à elle-même, travail incohérent, désordonné, mais, par cela, attrayant et poétique. Depuis Abbéna, la rivière était plus pure et plus limpide, et son courant était toujours rapide, toujours précipité ; ses bords étaient enchanteurs : ici l'on découvrait une grotte cachée sous un gracieux feuillage; plus loin, sous des groupes d'arbres entrelacés comme des treilles, voltigeaient de nombreux oiseaux au chant flûté, au plumage brillant; de part et d'autre, les montagnes étaient vertes et couronnées, jusqu'au sommet, d'arbres serrés qui se mouvaient au souffle d'un vent léger et qui offraient alors l'aspect d'une armée montant à l'assaut. Une heure après notre départ du village, séduits par la beauté magique de ces sites heureux, nous nous arrêtâmes pour en jouir à loisir : alors nous étions seuls; soit que les soldats eussent suivi une autre route ou qu'ils fussent partis avant nous d'Abbéna, nous n'avions rencontré personne sur notre chemin, et nous pûmes, sans trouble et sans distractions, nous enivrer en silence des pensées suaves que nous inspirait cette nature privilégiée.

Nous nous levâmes après un long repos et nous poursuivîmes notre route; nous trouvâmes quelques Abyssiniens qui revenaient d'un marché voisin, chargés de leurs denrées; en partant, nous avions laissé, sur les bords de la rivière, un vieux caleçon qui ne pouvait plus nous servir : l'un d'eux s'en empara aussitôt; mais, après un moment de réflexion, il courut vers nous pour nous demander si nous n'avions pas abandonné cette guenille dans quelque mauvaise intention, c'est à dire si nous ne l'avions pas *envenimée* de quelque sortilége; nous eûmes toutes les peines du monde à le rassurer et à l'engager à se parer de notre bénévole caleçon.

Nous suivions toujours le cours de l'Ataba; d'épais nuages planaient au dessus de nos têtes, et la pluie commençait à tomber. Nous cheminions à travers des cabinets de verdure si touffus, si compactes, qu'on eût dit qu'il faisait nuit; plus nous avancions, plus le paysage se déroulait séduisant. Tout à coup l'orage éclata avec fureur, on eût dit que le ciel venait de s'entr'ouvrir, et la pluie, qui jusque-là nous avait ménagés, ruissela si serrée et si continue, qu'on aurait pu croire que le monde venait d'être submergé et que nous marchions au fond d'une mer. Autour de nous, tout était inondé, nous étions nous-mêmes trempés et nos yeux cherchaient en vain un asile: le village le plus rapproché était encore à plusieurs heures de distance, et la nuit nous menaçait déjà de ses ténèbres; nous espérions trouver un arbre assez massif pour nous abriter jusqu'au lendemain, mais les torrents de pluie avaient tout pénétré. Nous étions résignés à souffrir, lorsque sur notre route nous rencontrâmes un montagnard, qui nous apprit que, dans quelques minutes, nous allions trouver une grotte pratiquée dans les rochers où nous serions aussi bien que dans une maison. Au même instant, nous vîmes arriver une jeune fille conduisant quelques bœufs : à notre aspect, elle fut saisie d'une telle frayeur, qu'elle alla se jeter dans les bras de notre heureux montagnard; néanmoins elle se rassura après nous avoir examinés, et ne tarda pas à rire de sa peur. Comme le temps ne nous permettait pas de nous arrêter, nous continuâmes notre route chacun de notre côté, et nous arrivâmes bientôt dans la grotte qu'on nous avait annoncée : elle était creusée dans les flancs de la montagne et elle aurait pu suffire pour abriter plus de vingt personnes; un palais, dans toute autre circonstance, nous aurait moins réjouis. Les rives de l'Ataba étaient toujours artistement embellies; son onde bondissait limpide de rocher en rocher, de cataracte en cataracte, et les arbres qui le couvraient étaient si pressés, qu'on eût dit qu'on avait voulu former une haie pour en défendre l'abord.

Après avoir pris possession de notre asile, nous fîmes notre repas du soir, composé de pain et d'eau comme de coutume, depuis notre départ d'Axoum : nous voulûmes faire du feu pour sécher nos habits, mais le bois était si vert et si humide, que nous ne pûmes jamais y parvenir; malgré les précautions que nous avions prises, tous nos habits étaient trempés, et le froid nous empêcha de dormir.

XII.

SOMMAIRE.

Nous gravissons le mont Selki. — Richesse de la végétation. — Brouillards. — Nous rencontrons des esclaves galla. — Leur effroi à notre aspect. — Arrivée au sommet. — Description de l'youbara. — Station à Soana. — Erreur de M. Gobat. — Arrivée à Nori. — Humidité de l'atmosphère. — Erreur grossière de Bruce relativement à la neige. — Les Juifs ou *Fallacha*. — Sombre aspect de la nature. — Nous longeons le torrent de Béléghet. — Arrivée à Amba-Ras. — Hospitalité tardive. — Village de Choa sur une belle chaîne de montagnes. — Séjour dans des chaumières abandonnées. — Route de Saucaber. — Arrivée au village de Daouarik. — Son église dédiée à saint George. — Marché de Daouarik.

CHAPITRE XII.

Une nuit sans sommeil est toujours longue, et nous attendions le jour avec impatience ; nous grelottions pressés l'un contre l'autre, et quand l'aurore parut, nous nous levâmes transis. Nous nous promenâmes pendant quelque temps à l'entrée de la grotte pour tâcher de rendre leur souplesse à nos membres engourdis, et ce ne fut pas sans joie que nous vîmes briller le soleil du matin qui vint nous ranimer de sa douce chaleur. Nous abandonnâmes alors les bords de la rivière pour gravir à pied une haute montagne par un sentier infernal : ses flancs escarpés étaient couverts d'une végétation fraîche et vigoureuse, elle était superbement ombragée par de grands arbres verts, parmi lesquels on remarquait d'énormes cossos : çà et là on rencontrait quelques rosiers sauvages et un grand nombre d'immortelles. Le sol était partout jonché de fleurs et d'herbes odoriférantes, et nous découvrions à chaque instant des groupes de champignons d'espèce différente. La montagne était inondée de cascades et de ruisseaux qui roulaient à nos pieds leurs eaux froides et argentées ; des brouillards grisâtres déposaient sur les cimes environnantes la neige dont ils étaient chargés et bornaient notre vue dirigée vers les hauteurs.

Nous montions avec ardeur : la base de la montagne était déjà aussi éloignée que le sommet ; nous nous assîmes pour reprendre haleine, mais, comme l'air était vif, nous craignîmes l'impression du froid et nous nous levâmes bientôt pour continuer notre route. Nous suivions un sentier étroit et pierreux, lorsque nous rencontrâmes deux *jellab*[1] conduisant une troupe de jeunes filles galla qu'ils allaient vendre à la mer. Dès que les esclaves nous aperçurent, elles parurent épouvantées, et elles se rapprochèrent aussitôt des marchands pour se mettre sous leur protection; elles n'osèrent pas même rester sur la route, et, se retirant sur les flancs de la montagne, elles nous regardèrent passer avec une inquiète curiosité. Nous demandâmes à notre interprète la cause de la terreur panique qui avait saisi ces jeunes filles à notre vue, et il nous répondit que les Galla croyaient que tous les blancs étaient anthropophages, et qu'ils ne pouvaient se défendre d'un effroi bien naturel lorsqu'ils se trouvaient face à face avec eux. Les deux musulmans demandèrent à l'un de nos domestiques si le niveau du Tacazé était très élevé, et, sur sa réponse, ils redoublèrent de vitesse en pressant la marche de leurs esclaves qui paraissaient harassées.

Nous continuâmes à escalader : la route toujours couverte d'eau et de rochers était affreuse, accablante. Nous grimpions depuis plus de trois heures, et le sommet était encore éloigné : une heure avant d'atteindre le plateau, les arbres

[1] Marchand d'esclaves.

avaient disparu, mais le sol avait conservé sa sauvage fécondité; les herbes étaient hautes et épaisses, mais la végétation était moins variée, moins riche. Enfin, nous arrivâmes sur la cime de cette masse prodigieuse; de part et d'autre s'élevaient encore de hautes têtes colossales qui laissaient entre elles un passage que nous allions parcourir. Le versant opposé de la montagne descendait à pic et laissait voir à nos pieds un abîme sans fond : quand nous fûmes sur la hauteur, le tableau qui se déploya devant nous était encore plus étonnant, plus extraordinaire que ceux qui nous avaient tant frappés les jours précédents; c'étaient toujours des chaînes de montagnes brisées en monuments à désespérer un artiste de l'antiquité; des obélisques, des pyramides monstrueuses, des mausolées qu'on eût dit ciselés, des tours massives et de hardis clochers s'élevaient sur des masses informes, et à leurs bases profondes s'étendaient de larges vallées et des gorges traversées de rivières et de torrents; et les plaines, et les vallons, et les montagnes, tout était à nos pieds: cette fois, nous dominions ce spectacle magnifique; mais l'horizon était malheureusement embrumé, il fallait un ciel pur pour admirer ces grandioses chefs-d'œuvre.

Le mont que nous venions de gravir s'appelle *Selki*, et non Silqué, comme l'a écrit M. Gobat : le froid se faisait vivement sentir, et nos habits, qui nous avaient souvent embarrassés, commençaient à nous paraître légers. Nous traversâmes un large plateau couvert d'une végétation sauvage : quoique le terrain, arrosé de nombreux cours d'eau, fût d'une nature très fertile, il était pourtant inculte. Des chevaux petits et velus paissaient au milieu des pâturages ; çà et là, s'élevaient quelques sabines rabougries ; et nous remarquâmes, pour la première fois, un arbre d'une espèce particulière que les habitants du pays appellent *youbara*. Son tronc, qui n'est jamais très gros, est extrêmement droit et creux ; il n'a point de branches : ses grandes feuilles, ramassées en bouquet, ont la forme d'un fer de lance ; lorsque l'arbre est jeune, la pointe est tournée vers le ciel ; à mesure qu'il grandit et vieillit, les feuilles se penchent insensiblement et donnent bientôt à l'arbuste la forme d'un parapluie fermé ; sa vie n'est pas de longue durée ; lorsqu'il arrive à son terme, les feuilles, renversées, se pressent serrées au tronc, et alors il a, dans son ensemble, une physionomie tout à fait chinoise. Les Abyssiniens se servent de son bois pour la construction de leurs cabanes, et ils prétendent que son ombre est nuisible. A l'époque de sa vigueur, l'youbara est, quant à la forme, un diminutif du palmier.

Nous marchâmes encore près de deux heures sur ce plateau couvert de brouillards humides; nous voulions arriver jusqu'au village de Nori, appelé Lori par M. Gobat; mais la pluie qui survint brusquement nous força à venir chercher un refuge dans le hameau de *Soana* que nous avions aperçu non loin de nous. Sur le sommet du Selki, nous avions retrouvé un reste de ce corps d'armée que nous cherchions à éviter depuis le passage du Tacazé; mais, cette fois, nous eûmes à nous féliciter de sa rencontre; car l'un des chefs influents de la troupe, qui arriva en même temps que nous au village où nous allions stationner, nous recommanda expressément au choum, qui nous traita bien. On nous donna une vaste chaumière, on nous fournit du bois pour alimenter notre feu, et, le soir, on nous apporta de la viande, des laitages, du cheuro, un plat de choux et du pain en abondance.

M. Gobat s'est trompé lorsqu'il a prétendu que les gouverneurs du Sémén venaient souvent établir leur résidence à Soana, qui n'est qu'un misérable hameau composé de mesquines chaumières mal fermées au vent et à la pluie. Lorsque le chef de cette froide province descend des hauteurs au dessus desquelles est perché Enchetcab, que le missionnaire désigne encore improprement sous le nom d'Antchatcab, il vient habiter le beau village de Nori qui, sous tous les rapports, offre bien plus de ressources que Soana.

Le 8, nous séjournâmes dans le hameau, et le lendemain, comme notre intention était de nous arrêter à Nori, qui se trouvait à une très courte distance, nous ne partîmes que tard, et, après avoir cheminé pendant plus d'une heure sur un terrain fangeux et inégal, couvert d'abondants pâturages et sillonné de plusieurs torrents, nous arrivâmes dans ce village, où nous trouvâmes aussitôt une maison. Trois quarts d'heure après notre départ de Soana, nous remarquâmes à notre gauche l'église dédiée à *Quidana-Maret* (notre maîtresse Marie), gracieusement ombragée.

La troupe entière se trouvait encore rassemblée à Nori : les soldats avaient, jusque-là, marché en corps ; ils allaient maintenant se séparer pour se rendre dans leurs villages. Avant de quitter Nori, ils avaient exigé un dernier tribut en comestibles de la part des habitants, et les femmes étaient occupées à préparer le pain, tandis que les hommes immolaient les nombreuses victimes que les chefs devaient diviser entre leurs soldats. Nous eûmes part à la distribution générale des vivres, et nous ne fûmes pas des plus maltraités. Après qu'on eut satisfait aux exigences de cette troupe, le village fut abandonné, et nous restâmes seuls étrangers à Nori, décidés à ne pas nous en éloigner avant le lendemain, quoiqu'il fût encore de bonne heure. Nous voulûmes sortir un moment pour nous promener dans les vastes prairies qui entourent les habitations ; mais elles étaient si bien arrosées, qu'à chaque pas nous nous enfoncions dans la boue, et nous fûmes obligés de rentrer aussitôt.

L'atmosphère était chargée et pluvieuse; les cimes des montagnes environnantes étaient couvertes de neige ou de brouillards ; si Bruce avait séjourné, comme nous, dans le village de Nori, il n'aurait pas avancé, avec une assurance impardonnable, qu'il n'était peut-être jamais tombé de neige en Abyssinie. Voici de quelle manière ce voyageur atteste un fait qu'il n'a pas évidemment pris la peine de vérifier [1]:

« Le village de Zinzénam, dont le nom signi-

[1] Tome II, page 320 et suiv.

fie pluie sur pluie, nous fournit une nouvelle preuve de ce que j'ai dit en parlant de la cause des débordements du Nil contre l'inscription adulitique, c'est à dire qu'il ne tombe pas de neige en Abyssinie, ou plutôt que, quoiqu'il puisse en être tombé dans le cours des siècles, c'est un phénomène si rare, qu'il n'y a point de mot qui l'exprime dans le langage du pays, et qu'il est absolument inconnu aux habitants, du moins à ceux qui vivent à l'orient du Tacazé. »

« L'auteur abyssinien dont je tire l'histoire que j'écris ici (continue le voyageur anglais) raconte que le village de Zinzénam a dû son nom à un évènement très singulier, qui arriva dans ces contrées il y a très longtemps. Il tomba, dit-il, une ondée de pluie, qui n'était pas une pluie ordinaire, puisqu'elle ne ruisselait point sur la terre, mais qu'elle y demeurait légère comme une plume, et ayant une belle couleur de farine. Elle tomba en abondance, et elle obscurcit l'air plus que la pluie, et presque autant que le brouillard; puis elle couvrit la terre pendant plusieurs jours, conservant sa blancheur jusqu'à ce qu'elle s'en allât en rosée, sans exhaler aucune odeur ni produire aucun mauvais effet. »

« Certes, ce fut un phénomène unique (poursuit encore Bruce), puisque, malgré l'excessive hauteur des montagnes de Tarenta et de Lamalmon, on n'y a jamais vu de neige, du moins, depuis plusieurs siècles. On n'en a pas aperçu sur les monts même du Lasta, où des armées entières ont pourtant péri de froid. Toutes les recherches que j'ai faites à cet égard me le prouvent. Zinzénam n'est point dans ces montagnes ; sa situation n'est même pas très haute; au contraire, il est attenant à la plaine de Foggora, dans le voisinage du Bégemder, à vingt milles de la seconde cataracte, ou à quarante milles de Gondar; de sorte que la neige qui y tomba fut l'effet d'un changement accidentel et rapide dans l'atmosphère, chose dont l'histoire de tous les pays nous offre divers exemples. »

Certes, après avoir lu un semblable passage, chacun demeurerait convaincu qu'il ne tombe jamais de neige en Abyssinie, tandis qu'elle en conserve éternellement sur quelques unes de ses montagnes. Quoique notre intention ne soit pas de critiquer par système les voyageurs qui nous ont précédés dans cette contrée, nous n'avons pas cru devoir passer sous silence une erreur si grossière, entourée de détails ingénieux et bien capables de la faire passer pour une vérité. Bruce, qui, pour appuyer son assertion, a prétendu qu'il n'existait pas, dans le langage du pays, d'expression pour signifier le mot neige, ne s'est pas aperçu qu'il nous le donnait lui-même dans le nom du village de Zinzénam. Si notre témoignage ne suffisait pas pour discréditer l'opinion erronée du voyageur anglais, on pourrait consulter, dans son journal sur l'Abyssinie, **M.** Gobat, qui a vu tomber de la neige au village de Nori [1] et d'Amba-Ras [2].

La plupart des montagnes du Séméń étaient autrefois habitées, en grande partie, par des Juifs, que les Abyssiniens appellent *Fallacha*; mais leur nombre diminue tous les jours, et, selon toutes probabilités, ils ne tarderont pas à disparaître entièrement en se confondant soit avec les chrétiens, soit avec les musulmans, qui tous les jours en attirent quelques uns dans leurs rangs. Q uoiqu, dans leurs actions, les Abyssiniens fassent preuve d'une tolérance admirable, ils haïssent les Juifs par habitude; et ces derniers, en butte à des tracasseries continuelles, sont assez disposés à abandonner leur foi, dont rien n'alimente la ferveur, et de s'affilier aux croyances

[1] Page 144.
[2] Page 145.

encore vivantes dans le pays. Si presque tous les musulmans sont commerçants, les Fallachas exercent le monopole de l'industrie : ils sont agriculteurs, charpentiers, tisserands, maçons, potiers et forgerons, et les ouvrages qui sortent de leurs mains sont, en général, supérieurs à ceux que confectionnent les autres Abyssiniens : ce peuple superstitieux, qui ne peut concevoir qu'une race que Dieu repousse se montre si habile, n'explique sa supériorité qu'en l'accusant de sorcellerie. Tant que les Juifs ont été assez puissants et assez nombreux pour former entre eux des corporations, ils ont vécu isolés des autres habitants, et leurs villages étaient toujours situés sur des hauteurs et éloignés des routes ordinaires, pour éviter, autant que possible, d'entrer en communication avec personne.

Le 10 au matin, nous quittâmes le village de Nori ; nous laissâmes à notre gauche Enchetcab, et après une marche longue et pénible nous arrivâmes au hameau d'*Amba*-Ras (montagne du Ras). Durant ce trajet, la seconde montagne que nous gravîmes nous offrit, après les paysages variés que nous avons déjà décrits, un spectacle d'une beauté neuve, imposante : ses flancs étaient plantés de sombres sabines plus tristes et plus abattues que d'ordinaire ; nous étions enveloppés d'un épais brouillard, et de distance en distance s'ouvraient à nos côtés des gorges noires formées par des nuages plus noirs encore. La nature semblait couverte d'un voile funèbre, et autour de nous tout était lugubre, silencieux, on eût dit effrayé. Parfois on découvrait quelques rares oiseaux que notre approche faisait fuir et qui s'envolaient sans bruit d'un arbre à un autre. Par intervalles, ce silence redoutable était troublé par le cri sinistre des corbeaux qui disparaissaient au dessus des nues. L'air était froid et l'atmosphère humide ; bientôt un orage se forma sur nos têtes, et déjà nous entendions dans le lointain les roulements sourds du tonnerre qui s'avançait insensiblement. Le sommet de la montagne paraissait inaccessible ; ses flancs âpres étaient sillonnés de ruisseaux formés de ses innombrables cascades : nous montions à pic par des routes pierreuses, dans l'eau et dans la boue. L'aspect de cette nature sombre et sévère nous rappela vivement la description de la descente aux enfers par Virgile ; le ciel si terne, si livide semblait annoncer l'approche du Tartare, dont chaque gorge nous présentait l'entrée, et les hommes noirs que nous rencontrions sur notre passage nous semblaient alors des démons. Arrivés sur la cime, après de rudes fatigues, le brouillard se dissipa tout à coup, le soleil reparut avec sa douce chaleur, et la route devint facile; nous sortions de l'enfer et nous venions de rentrer sur la terre.

Nous nous félicitions d'être sortis de ce gouffre, et nous marchions légèrement sur un plateau long et uni; mais nous ne jouîmes pas longtemps des rayons du soleil dont l'ardeur était loin de nous être importune. Nous fûmes de nouveau enveloppés d'un brouillard si épais, si dense, qu'en avançant nous n'apercevions plus que nous-mêmes. Au milieu de cette nuit bizarre, extraordinaire, nous entendîmes un bruit pareil à celui d'un carrosse vigoureusement lancé, qui nous intrigua longtemps. C'était le torrent de *Béléghet*; qui roulait avec impétuosité, et que nous ne découvrîmes qu'en passant à son bord. Il se précipitait dans un vallon charmant profondément encaissé entre deux grandes chaînes de montagnes qui s'allongeaient parallèlement, et qui portaient chacune au rapide torrent l'abondant tribut de leurs eaux conduites par des milliers de rigoles. Nous cheminâmes longtemps au milieu du brouillard qui, formant de toutes parts notre horizon, nous dérobait les objets environnants; il se résolut enfin en une pluie fine que nous essuyâmes jusqu'à la dernière goutte.

Il était déjà tard lorsque le jour nous fut rendu; nous suivions depuis quelques heures le cours du Béléghet du haut de l'une des chaînes qui le dominent : nous aperçûmes quelques hameaux non loin de nous, et nous jugeâmes qu'il était prudent de nous en approcher. Le premier que nous atteignîmes était presque désert, la plupart des habitants avaient suivi le convoi d'un prêtre, et un laboureur que nous rencontrâmes dans son champ nous conseilla d'arriver jusqu'à Amba-Ras, qu'on découvrait à un quart d'heure de distance, et qui servait, nous dit-il, de résidence au choum des quelques hameaux circonvoisins. Nous nous y rendîmes aussitôt, et nous nous assîmes sur les blocs de rochers qui l'environnaient, attendant avec impatience (car nous étions mouillés et nous avions froid) que quelque Abyssinien compatissant vînt nous offrir l'hospitalité. Nous vîmes bientôt approcher quelques hommes; mais, au lieu de nous offrir un asile, ils nous pressèrent de continuer notre route, prétendant qu'ils ne pouvaient nous recevoir sans l'ordre du chef qui était absent : nous n'apercevions pas d'autre village devant nous, et, harassés de fatigue, nous résolûmes, malgré le mauvais temps, de passer la nuit dehors. Après avoir remercié ironiquement ces complaisants envoyés, nous nous rapprochâmes d'Amba-Ras, au grand regret des habitants qui auraient voulu nous en éloigner. Nous étions là depuis un quart d'heure, et la pluie recommençait à tomber, lorsqu'un homme, honteux sans doute de nous laisser ainsi en plein air, vint nous offrir une maison, à condition qu'il ne serait pas obligé de nous fournir notre nourriture : nous ne désirions qu'un abri, et il nous conduisit sur-le-champ dans une grande chaumière où il venait de faire allumer un grand feu. Après nous être réchauffés, nous ordonnâmes à nos domestiques de préparer notre repas du soir. « Vous ne voulez donc pas accepter mon pain? » nous dit alors notre hôte, qui ne nous avait pas quittés; et, sans attendre notre réponse, le drogman, qui se disposait à nous faire cuire de la pâte, reçut ordre de ne pas s'en occuper; notre hôte nous fit laver les pieds; et, un moment après, on nous apporta de la bière, cinq pains de tabita, de la viande et des choux : notre feu fut alimenté pendant toute la nuit, et l'on nous donna un grand sarir et une peau de bœuf pour nous coucher.

En Abyssinie, les hommes et les animaux logent dans le même appartement, c'est une chose reçue. Quoique notre chaumière fût celle qu'occupait habituellement le choum, on y remarquait une place pour ses vaches qu'on amena à l'entrée de la nuit : plus tard, nous verrons les rois eux-mêmes habiter avec leurs chevaux.

La chaîne de montagnes parallèle à celle que nous parcourions était belle et unie; on apercevait sur son large dos, en face d'Amba-Ras, un grand village appelé *Choa*.

Le lendemain, au point du jour, nous quittâmes notre chaumière; nous continuâmes pendant quelque temps à suivre le plateau et nous descendîmes ensuite dans une vallée où la pluie vint encore nous surprendre; nous fûmes assez heureux pour trouver deux huttes vides construites par les jellabs qui s'y réfugient à leur passage : nous en avions remarqué de semblables en escaladant le mont Selki. Ces marchands, plus intéressés qu'humains, craignant, avec raison, de perdre leurs esclaves habitués aux climats chauds, avaient préparé des abris de distance en distance, dans toute la province que nous explorions.

Avant d'abandonner les hauteurs de la chaîne que nous suivions depuis la veille, nous admirâmes encore un superbe paysage de montagnes qui se déroulait au nord, et qui ressemblait parfaitement à l'ensemble d'une grande ville précédée de son clocher, vieille colline décharnée.

Nous souffrions de la température du pays depuis que nous avions quitté l'Ataba ; le froid se faisait de plus en plus ressentir, le ciel était pâle et nous étions sans cesse dans les brouillards. Tous les jours, et souvent tout le jour, nous avions à essuyer la pluie et quelquefois la grêle; et, en partant d'Amba-Ras, le vent du nord qui souffla sans discontinuer était glacial.

Nous passâmes le reste du jour et la nuit dans nos cabanes ouvertes à tout venant, aux hommes comme aux animaux, au vent et au froid. La terre était jonchée de bois sec et à moitié brûlé, nous l'entassâmes devant nos demeures et nous allumâmes un grand feu qui réchauffait les alentours; ce vaste foyer, dont la flamme pétillait à travers les vapeurs humides, offrait le spectacle sinistre, mais beau, d'un incendie dans les ténèbres.

Quand la nuit arriva et que la lune parut à travers un demi-voile, notre solitude prit un aspect des plus intéressants; nos cabanes, entourées d'arbres verts que la bise agitait, reflétaient devant nous leurs ombres mouvantes; le bruit continuel d'une cascade que nous avions aperçue durant le jour, et que nous entendions dans le lointain; les cris lugubres des hiboux qui ne se turent qu'à l'aurore pour nous laisser écouter le chant d'autres oiseaux privilégiés, rendirent cette nuit vivante. Lorsque le soleil se leva pâle comme de coutume, nous nous remîmes en route. Nous étions dans un bas-fond, nous revînmes aussitôt sur les hauteurs. Après environ deux heures de marche, nous passâmes la porte appelée *Sancaber*, fermant la plus belle et peut-être l'unique route d'Abyssinie; elle était tracée sur le flanc d'une haute montagne, inacessible depuis la base jusqu'au sommet; nous admirâmes longtemps ce travail extraordinaire qui semblait indiquer une civilisation plus avancée que celle des Abyssiniens. La porte de Sancaber, qui s'élève au milieu de ce grand chemin, a été construite pour arrêter les commerçants qui voudraient esquiver la douane et passer en contrebande. Nous nous élevâmes par cette route large et unie, et nous atteignîmes un plateau désert pour redescendre ensuite dans une grande vallée, verdoyante prairie qu'arrosaient des sources abondantes; elle était peuplée d'une prodigieuse quantité de rats, et de nombreux troupeaux y paissaient dans de gras pâturages. Nous la suivîmes pendant plus d'une heure, et, par une pente assez douce, nous arrivâmes sur des coteaux parfumés de fraisiers. Nous ne tardâmes pas à découvrir le beau village de Daouarik, dans la province d'Ouagara, et un large horizon se déroula devant nous. Malgré la beauté et l'étrangeté des montagnes que nous venions de parcourir, nous les quittâmes sans regret pour jouir de la vue d'un paysage plus découvert. Déjà le ciel n'était plus aussi terne; le sol, moins tourmenté et moins fracassé, se nivelait en plaines magnifiques, la température n'était plus aussi rigoureuse, et les habitants de cet heureux pays, plus riches que les montagnards du Sémén, allaient se montrer plus hospitaliers.

Nous arrivâmes bientôt au grand village de Daouarik *Faras-Saber*, précédé de sa belle église dédiée à saint George (*Godeus-Gorghis*), patron du lieu; elle est entourée de vieilles sabines et de grandes mimosas qui la protègent de leur ombre.

Il existe dans le pays une tradition très favorable aux habitants du village : les Abyssiniens sont généralement persuadés que, si l'on tentait de piller Daouarik, on s'exposerait à l'inévitable vengeance de saint George, qui s'en déclara autrefois le protecteur par un miracle éclatant dont personne ne conteste l'authenticité. Cette croyance a fait de ce village un asile inviolable où les habitants des hameaux voisins viennent déposer leurs richesses dans les temps de guerre ou d'anarchie. Le marché de Daouarik, qui se tient tous les mercredis, à une demi-heure de l'église, est un des plus importants de l'Abyssinie ; on y arrive de tous les points, et les denrées qu'on y transporte s'y vendent à un très bas prix. On trouve aisément cent poules pour 5 francs, et le talari de Marie-Thérèse n'y vaut plus que vingt morceaux de sel. Quoique le séjour de Daouarik soit plus agréable que celui du Sémén, néanmoins le froid s'y fait encore ressentir à la saison des pluies.

Arrivés près du village, nous nous arrêtâmes à quelques pas des habitations, auprès d'un beau cyprès, le seul que nous ayons rencontré en Abyssinie ; après une attente de quelques minutes, on vint nous offrir l'hospitalité : nous nous laissâmes conduire dans une chaumière de belle appa-

rence que nous partageâmes avec ses maîtres, et, le soir, on nous régala d'un souper dans le genre des précédents. Comme notre intention était de séjourner longuement dans ce village pour donner aux pluies le temps de s'écouler, nous fîmes chercher une maison que nous louâmes à raison d'un demi-talari par mois, et nous nous y établîmes dès le lendemain.

FIN DU TOME PREMIER.

TABLE DES SOMMAIRES.

TABLE

DES

SOMMAIRES DU TOME PREMIER.

Pages.

Avant-propos I

Chapitre I. Le Ramadan et les fêtes qui le suivent. — Progrès accomplis par les Mahométans. — Départ de Djedda. — Changement de vent à El-Lit. — Préparatifs d'une expédition contre l'Assir. — Supplice du pal. — Départ de Ghonfouda. — Arrivée à Djézan. — Considérations générales sur l'Yémen. — Loheïa. — Idée qu'on se forme des Européens. — Arrivée à Hodeïda. — Description de cette ville et de ses environs. — Fréquentes visites du gouverneur. — Départ de Hodeïda par terre. — Aspect de la route. — Arrivée au village de Drimi. — Nous venons stationner à Beit-el-Fakih 27

Pages.

CHAP. II. Description de Beit-el-Fakih. — Contestation avec les chameliers.— Etat du pays nouvellement conquis. — Réflexions sur la cupidité des Bédouins. — Départ de Beit-el-Fakih. — Arrivée à Zébid, la ville de la science. — Le chérif. — Une visite au chef du collége. — Réception. — Conversation. — Réjouissance pour célébrer la prise de Has. — Description de Zébid. — Départ de cette ville. — Aspect du pays. — Arrivée à Dcherdjé. — Mauschid. — Charié. — Rouas. — Iakhtil. — Arrivée à Moka. — Accueil que nous font les Européens. — Description de Moka. — Son commerce. — Les Banians. — Leurs mœurs. — Les Juifs. — Corvette anglaise. — Visite à Emin-Bey, gouverneur de Moka. — Discussions morales. — Préparatifs de départ. — Une histoire orientale. — Nous quittons Moka. — Trajet. — L'île de Dâhlac. — Son commerce. — Arrivée à Massaouah.......................... 55

CHAP. III. Nous débarquons sur le quai. — Réception du gouverneur. — Son caractère. — Massaouah dans l'antiquité. — Les Turcs s'emparent de cette île. — Les Portugais y font plusieurs descentes. — Vaines tentatives des Turcs pour conquérir l'Abyssinie. — Insurrection de Turkchi-Bilmez. — Il s'empare de Massaouah. — Les Cophtes. — Description de l'île de Massaouah. — Mœurs des habitants. — Commerce. — Monnaie du pays. — Détail des objets qu'il est avantageux d'emporter en Abyssinie. — Superstition de nos domestiques relative à la nourriture. — Tyrannie du Naïb envers les voyageurs. — Diverses routes qui conduisent en Abyssinie. — Les Choho, Bédouins africains. — Une esclave galla. — Maladies du pays. — Médecins.......................... 86

CHAP. IV. Départ de Massaouah. — Arkéko. — Le Naïb. — Les Choho. — Hazortas. — Nous pénétrons dans la vallée de Samhar. — Une dispute. — Beautés de la route. — Fête de Pâques célébrée par les Abyssiniens. — Superstition du mauvais œil. — Nous parcourons des sites délicieux. — Méchanceté de nos gens. — Arrivée à Choumfaïtou....... 121

CHAP. V. Une armée de singes. — Nouvelles tracasseries de

Pages.

là part de nos guides. — Ascension du Taranta. — Description de cette montagne. — Arrivée sur le plateau de Halaï. — Température. — Notre réception chez le gouverneur. — Costume des femmes. — Une sérénade. — Cupidité du gouverneur. — Départ de Halaï. — Description du paysage. — Rencontre d'une troupe de guerriers. — Frayeur de notre drogman. — Arrivée à Mârda. — Arrivée à Sêda. — Bel aspect des montagnes. — Hospitalité extraordinaire. — Gueurzobo. — La rivière de Bélessa. — Arrivée à Emni-Harmas. — Les missionnaires protestants. — Visite de M. et madame Gobat. — Un soldat d'Oubi veut nous accompagner malgré nous.. 149

CHAP. VI. Une aventure tragique. — Assistance de M. Gobat. — Justice du pays. — Notre drogman est enchaîné. — Nous trouvons un nouvel interprète. — Préparatifs de départ interrompus. — Les habitants du village viennent pour nous attaquer. — Nous sommes défendus par le gouverneur d'Agguéla. — Nous entrons en négociation. — Départ d'Emni-Harmas. — Description de la route. — Rencontre d'une troupe de soldats. — Leur repas. — Un douanier. — Nous longeons la chaîne de montagnes qui précède Adoua. — Station dans une gorge. — Erreur de Bruce, relative au Robber-Aèni. — Nous traversons la vallée de Mariam-Chaouïtou. — Arrivée à Adoua. — Détails sur les blancs que nous trouvons dans cette ville................................ 177

CHAP. VII. Description d'Adoua. — Son marché. — Mauvaise foi du douanier Zeinou. — Béchir. — Nouvelles du camp d'Oubi. — Un mariage à la mode du pays. — Départ d'un corps d'armée. — Nous quittons Adoua. — Un camp abyssinien. — Arrivée à Iaha. — Un homicide. — Dagassonné. — On pille un village. — Les fusiliers. — Bel effet d'un incendie. — Insouciance des femmes des camps. — Arrivée à Sariro. — Une émasculation. — Une histoire à ce sujet. — Infériorité des hommes qui n'ont pas mutilé un ennemi. — Départ de Sariro. — Description de la route. — Montagnes à pic. — Arrivée à Magat...................................... 203

Pages.

Chap. VIII. Dévra-Damô. — Description de ce pic. — Son monastère. — Fable accréditée parmi les Abyssiniens. — M. Coffin. — Séjour à Magat. — Départ. — Arrivée dans le camp d'Oubi. — Agami. — Nous nous présentons chez le prince. — Son portrait. — Les courtisanes. — Festin royal. — Le camp change de position. — Banquet magnifique. — Discours. — Chants. — La misère est dans l'armée. — Nous voulons nous rendre à Choa par Lasta. — Oubi nous fait renoncer à ce projet. — Costumes abyssiniens. — Usages divers. — Départ pour Adoua. — Différentes manières de faire le pain en Abyssinie. — Le soldat amoureux. — Deux exécutions à Dagassonné. — Dégoût des Abyssiniens pour le gibier. — Superstition d'une courtisane. — Adoration des astres. — Divers corps de troupes se détachent de l'armée. — Entrée triomphale d'Oubi à Adoua 227

Chap. IX. Changement de domicile. — Un banquet abyssinien. — Chasse à l'hyène. — Le roi veut nous retenir. — Pluies périodiques. — Oubi ne respecte pas les asiles sacrés. — Description d'Axoum. — Ignorance et orgueil des prêtres. — Renseignements historiques. — Un meurtre. — Justice du pays. — Diverses maladies qui affligent les Abyssiniens. — Le tænia. — Rapport de M. Brayer, médecin français. — Le dragonneau. — Douleurs rhumatismales. — Goîtres. — Fièvres. — Epilepsies. — Superstition des Abyssiniens au sujet de ce mal. — Maladies vénériennes. — La lèpre. — Le choléra. — Blessures et amputations......... 259

Chap. X. Départ d'Axoum. — Arrivée à Adde-Heussa. — Dévra-Guennet. — Rencontre d'une troupe de soldats. — Leur conduite. — Départ de Dévra-Guennet. — Complaisance des soldats. — Bel aspect des montagnes du Séménn. — Jibagoua. — Le Tacazé. — Nous le passons à la nage. — Étonnement de la troupe. — Animaux féroces. — Nom ancien. — Crocodiles. — Poissons. — Coquillages. — Variété des arbres. — Hippopotames. — Manière de leur faire la chasse. — Température. — Fièvres. — Éléphants. — Etymologie du mot Tacazé. — La mouche appelée *tsaltsalia*. — Citations d'Isaïe et

Pages.
d'Agatharchides.. — Sources du Tacazé. — Son embouchure 287

Chap. XI. Considérations sur le Tigré. — Un léopard. — Nous passons plusieurs fois l'Ataba. — Un de nos domestiques est sur le point d'être emporté par le courant. — Description de la montagne. — Arrivée au village de Torzagué. — Beau point de vue. — Départ de Torzagué. — Aspect imposant des chaînes de montagnes. — Station à Greubeura. — Service que nous rend notre carte de géographie. — Fraîcheur de la vallée d'Ataba. — Générosité d'un Abyssinien. — Arrivée à Abbéna. — Nous remarquons plus de liberté dans les mœurs. — Différence entre les Arabes et les Abyssiniens. — Nous entrons dans la province de Sémén. — Nous suivons les bords de l'Ataba. — Station. — Superstition d'un Abyssinien. — Violente ondée de pluie. — Rencontre d'un montagnard qui nous indique un asile. — Frayeur d'une jeune fille à notre vue. — Arrivée dans une vaste grotte......... 213

Chap. XII. Nous gravissons le mont Selki. — Richesse de la végétation. — Brouillards. — Nous rencontrons des esclaves galla. — Leur effroi à notre aspect. — Arrivée au sommet. — Description de l'youbara. — Station à Soana. — Erreur de M. Gobat. — Arrivée à Nori. — Humidité de l'atmosphère. — Erreur grossière de Bruce relativement à la neige. — Les Juifs ou *Fallacha*. — Sombre aspect de la nature. — Nous longeons le torrent de Béléghet. — Arrivée à Amba-Ras. — Hospitalité tardive. — Village de Choa sur une belle chaîne de montagnes. — Séjour dans des chaumières abandonnées. — Route de Sancaber. — Arrivée au village de Daouarik. — Son église dédiée à saint George. — Marché de Daouarik. 339

FIN DE LA TABLE.

www.ingramcontent.com/pod-product-compliance
Ingram Content Group UK Ltd.
Pitfield, Milton Keynes, MK11 3LW, UK
UKHW020119240726
13926UKWH00011B/2234

9 782013 692489